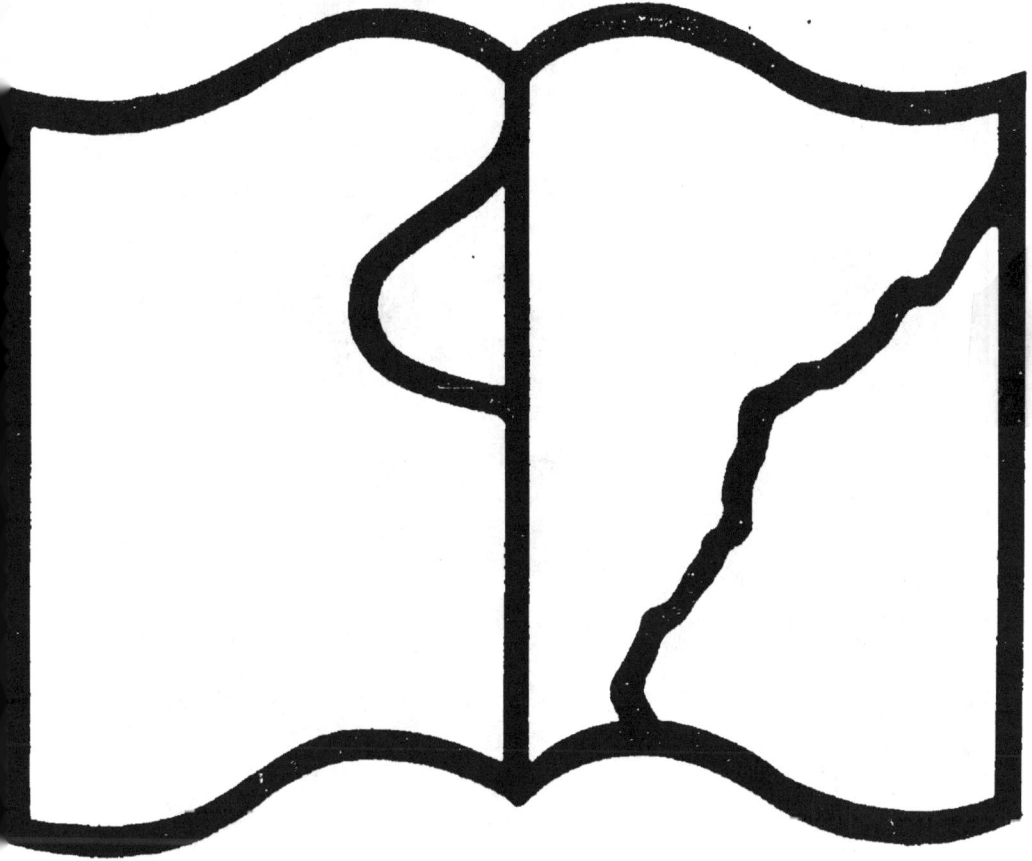

Texte détérioré — reliure défectueuse

NF Z 43-120-11

NOTICE

sur

LE MAROC

PAR

H.-M.-P. DE LA MARTINIÈRE

(Extrait de la GRANDE ENCYCLOPÉDIE)

DONEC
TOTVMIMPLEA
ORBEM

PARIS

H. LAMIRAULT ET Cie, ÉDITEURS

61, RUE DE RENNES, 61

1897

NOTICE SUR LE MAROC

NOTICE

SUR

LE MAROC

PAR

H.-M.-P. DE LA MARTINIÈRE

———

(Extrait de la GRANDE ENCYCLOPÉDIE)

DONEC
TOTVM·IMPLEAT
ORBEM

PARIS

H. LAMIRAULT ET Cie, ÉDITEURS

64, RUE DE RENNES, 64

—

1897

MARO[C]

Réd. : 11x

VILLES de plus de 15.000 habitants
Villes de 5.000 à 15.000 ...id...
Villes de 2.000 à 5.000 ...id...
Localités de moins de 2.000 ...id...
Chemin de fer...

ABRÉVIATIONS ET VOCABULAIRE

O C É A N   A T L A N T I Q U E

Tanger
Rabat
Casablanca
Mazagan
Safi
Mogador

ÎLES CANARIES
Lanzarote
Fuerteventura

Cap Noun

Échelle de 1/5.000.000

Gravé et Imp. par Erhard Frères 1897

E. LAMIRAULT et Cie, Éditeurs.

ROC

◼ VILLES *de plus de 25.000 habitants*
◉ Villes *de 5.000 à 25.000 ____ id ____*
◦ Villes *de 2.000 à 5.000 ____ id ____*
∘ *Localités de moins de 2000 ____ id ____*
_____ *Chemin de fer*

ABRÉVIATIONS ET VOCABULAIRE

Adrar (Berb.) ⎫
Dj. Djebel (Ar.) ⎬ *Montagne*
Tizi (Berb.) ____ *Col*
Arif (Berb.) ⎫
O. Oued (Ar.) ⎬ *Rivière*
Chott (Ar.) Lac salé desséché
Sebkha ____ Lac ou Etang Salé

Ras (Ar.) ____ *Tête, Source, Cap*
Aïn (Ar.) ____ *Source*
Aït, Ida (Berb.) Tribu
Ouled, Beni (Ar.) Fils de ___ Tribu
Ksar (Ar.) ____ *Château*
Kasba (Ar.) ____ *Habation fortifiée*

34

34

32

32

N

NOTICE SUR LE MAROC

Situation géographique. — Limites. — Le Maroc ou pays de l'extrême Occident, comme l'indique son appellation arabe, *El-Maghreb el-Acsa*, est aussi nommé empire chérifien en raison de la qualité de chérif ou descendant du prophète Mohammed, dont se parent les souverains de la dynastie actuelle. Il est situé dans l'angle que forme le continent africain, en face de la péninsule Ibérique, et que déterminent la Méditerranée, le détroit de Gibraltar, puis l'océan Atlantique. Ce que lui attribuent les géographes et les cartographes correspond assez mal à la réalité ; en effet, cette partie de la Berbérie occidentale, peu homogène comme populations, a de même une constitution géographique assez complexe. Le Maroc actuel est formé de la réunion des royaumes de Fez, de Maroc, du Sous et du Tafilalet ; on peut approximativement le comprendre comme hauteur entre le 35°54′04″ lat. N. extrême (lat. de la citadelle de Ceuta) et environ 27°40′ lat. approchée extrême S. (lat. de la Saguïat el-Hamra), et comme largeur entre l'embouchure de l'ouâd Adjeroud, qui est par 35°05′ lat. N. et 4°35′ long. O. de Paris, et cette même embouchure de la Saguïat el-Hamra ; mais il s'en faut de beaucoup que tous les territoires compris dans ce vaste espace obéissent au gouvernement marocain ou même puissent être géographiquement considérés comme de la région marocaine. Toute la contrée désertique, notamment celle qui fait suite à la petite portion de la frontière entre la province d'Oran et le Maroc, doit être considérée comme indépendante, sauf de rares points mentionnés dans le traité de délimitation. Ainsi qu'on le voit, les limites naturelles du Maroc sont : au N., la Méditerranée, le détroit de Gibraltar ; à l'O., l'océan Atlantique ; au S., les régions sahariennes ; enfin, à l'E., elles étaient jadis et dès l'antiquité, aux temps de la Maurétanie Tingitane, constituées par le fleuve Molouïa, la *Mulucha* des anciens.

Par l'art. III du traité de Lalla-Marnia, en date du 18 mars 1845, ces limites ont été reportées plus à l'E. La frontière a été constituée par le petit ruisseau dit ouàd Adjeroud, à l'endroit où il se jette dans la mer; elle remonte ce cours d'eau jusqu'au point où il prend le nom de Kiss, passe par un tracé tout à fait conventionnel entre Lalla-Marnia et Oudjda et s'arrête au col dit Teniet es-Sàsi, situé à peine à 120 kil. au S. de la côte. Au S., dans les régions que le traité a qualifiées de désertiques, il n'y a pas de limite territoriale, et l'on s'est borné à énumérer un certain nombre de tribus comme marocaines et d'autres comme algériennes. On a procédé de même pour les villages de cette contrée. Il est donc extrêmement délicat de fixer les limites de l'action ou de l'influence de l'un ou de l'autre Etat. Il est certain toutefois que l'influence algérienne pénètre de plus en plus profondément dans le Sahara, en raison du développement politique et économique de cette colonie, et on peut rappeler à ce sujet la convention anglo-française du 5 août 1890. Elle reconnaît à la France une zone d'influence partant du S. de ses possessions méditerranéennes jusqu'à une ligne tracée de Say sur le Niger jusqu'à Barrua sur le Tchad. Quant à l'autorité du sultan marocain, elle ne dépasse guère dans le S. le parallèle des oasis du Tafilalet, berceau de la dynastie régnante; enfin, plus au S., dans les vastes régions où errent les Beràbers, les Aït-Atta, les Tadjakant au N. des dunes d'Iguidi, dans toute cette partie du Sahara inexplorée, on ne saurait assigner de frontières; on admet toutefois que dans le S.-O., la petite rivière desséchée dite Saguïat el-Hamra forme la limite marocaine. Dans les lignes conventionnelles que la diplomatie fixe au Maghreb el-Acsa, la surface de cet empire atteindrait 440,000 kil. q. en n'y comprenant ni les oasis du Touat, qui relèvent de l'Algérie, ni le désert qui échappe de même à l'autorité chérifienne.

Côtes. — *La côte méditerranéenne depuis la frontière oranaise jusqu'au détroit de Gibraltar, de l'embouchure de l'ouàd Adjeroud jusqu'à la pointe de Ceuta.* Entre la rivière Adjeroud ou Kiss et le cap d'El-Agua se développe une grande plage sablonneuse, dite de Tagràret, que termine une vaste plaine très peuplée et qui s'élève en pente douce jusqu'au pied des montagnes des Beni-Snassen, situées à quelques lieues de la côte. A environ 13 kil. à l'O. de l'embouchure du Kiss débouche la Moloura, un des plus grands fleuves du N. de l'Afrique. Le cap d'El-Agua est une pointe plate et accore; à l'E., la côte est une plage basse et régulière, tandis qu'à l'O. c'est une falaise rocheuse. A 2 milles au N. du cap se voient les trois îles *Zaffarines* (V. ce mot), occupées par l'Espagne depuis 1847. Du cap d'El-Agua à Melilla, la côte forme un arc de cercle; une chaîne de montagnes, se rattachant au système des Guelaáya et appelée Quiviane sur les cartes marines, se voit à 5 ou 6 milles dans l'intérieur. Elles descendent en pentes douces jusqu'au littoral et se perdent dans les plaines fertiles qu'arrosent de nombreux cours d'eau. Au fond de cette baie se remarque une pointe rocheuse, appelée pointe Quiviane sur les cartes marines, et entre cette pointe et le préside espagnol de *Melila* (V. ce mot) se trouvent deux lagunes appelées sebkha El-Dziŕa. A une petite distance de la ville et dans le S. se jette un petit ruisseau, l'ouád Farkhána des indigènes, appelé rio de Oro par les Espagnols. Entre Melila et le cap des Trois-Fourches des cartes marines, le ras Ouôrzek des Marocains, la côte est formée alternativement de petites plages et de pointes rocheuses. Le cap des Trois-Fourches était connu, dès une haute antiquité, sous le nom de *Promontorium Russadír*, du nom du comptoir voisin auquel a succédé la ville moderne de Melila. Il forme l'extrémité septentrionale de la péninsule des Guelaáya. Il tire son nom des trois pointes principales, plus saillantes que les autres; le massif des montagnes auxquelles il appartient a un aspect des plus tourmentés. Au cap des Trois-Fourches commence la côte du *Rif* (V. ce mot) proprement dite; elle s'étend avec le même caractère géographique jusqu'à la pointe Almina de Ceuta; sans contredit, c'est une des contrées les moins connues du globe et des plus inhospitalières; encore, de nos jours, les instructions nautiques, que publie le service hydrographique de la marine, recommande aux voiliers de se tenir éloignés de cette côte, en raison de l'hostilité des indigènes. A environ 37 milles à l'O. du cap des Trois-Fourches se voit le cap Quilates des cartes marines; il est formé par l'extrémité septentrionale des montagnes des Beni-Oulitchek; au delà de ce cap, l'aspect du littoral change complètement; l'intérieur du pays, qui était élevé, tend à s'abaisser, et les plages deviennent plus fréquentes jusqu'aux environs de la pointe Abdun des cartes marines, où se remarquent les pics les plus élevés des Beni-Oulitchek. Leurs contreforts, assez bien cultivés, s'étendent jusqu'au littoral et aux alentours de la baie d'Alhucemas. Cette baie, circulaire et entourée sur ses deux côtés de hautes terres, part du cap Quilates à l'E., pour atteindre la pointe du Maure. Dans le fond existe une large plaine boisée et habitée qu'arrose la rivière de Nokour. On remarque dans cette baie les trois petites îles dites d'Alhucemas, à une faible distance de terre. Sur la plus élevée et la plus large est bâti le préside espagnol dit d'Alhucemas, Hadjerat en-Nokour des indigènes; le nom d'Alhucemas, comme le vieux nom français Albouzème, est une corruption du nom arabe d'El-Mezemma, sous lequel on désigne le petit bourg marocain qui fait face à l'îlot sur

le continent. Au promontoire, qui est indiqué sur les cartes
marines sous le nom de cap du Maure, commence la côte
très découpée qui ne prend fin qu'à peu de distance et à
l'E. de la plage voisine de la ville de Tétouan. Les terres
présentent un assemblage de falaises verticales, sans aucune trace de plage, tandis que le haut pays, dans l'intérieur, garde le caractère des montagnes du Rif. Il est
formé de sommets presque inaccessibles, accolés les uns
aux autres d'une façon irrégulière. La côte est bordée de
quelques récifs, et à peine, au pied de cette muraille,
voit-on çà et là une petite plage étroite, le plus souvent
encore garnie de roches noires. Sur ce littoral découpé
se rencontre la baie d'Alcala, au fond de laquelle est une
plage de sable qui fait bientôt place à une plaine de vaste
étendue ; c'est le point de débarquement choisi par les
Espagnols en 1564, lorsqu'ils s'emparèrent de Velez de
la Gomera. Un ruisseau se jette au fond de cette baie.
On y remarque aussi la petite ville marocaine de Badis,
l'ancienne station romaine de *Parietina*, de l'Itinéraire
d'Antonin. Non loin de la côte se voit l'îlot de San An-
tonio (des cartes marines espagnoles) sur lequel est établi
le préside du Peñon de Velez de la Gomera. Un peu plus
à l'O., on rencontre la baie d'Iris, avec de belles plages
de sable et une île, assez grande, qui porte le même nom
sur les cartes marines ; ensuite la côte se poursuit,
offrant la baie de Mostaza, l'anse des Traîtres, jusqu'à
la pointe des Pêcheurs. Cette dernière limite à l'E. la baie
du même nom ; dans l'intérieur des terres se dresse le
massif montagneux des Mettioua, dont le sommet atteint
1,520 m. A peu de distance de la pointe des Pêcheurs
débouche la rivière Ouarinega, considérée par certaines
cartes comme la limite du Rif et de la province de Tétouan.
Entre la pointe des Pêcheurs et une autre pointe, située à
environ 13 milles à l'O. et désignée sur les cartes marines
du nom de Jægerschmidt (en souvenir du chargé d'affaires
de France au Maroc qui, en 1854, facilita les travaux de
la mission hydrographique française à laquelle on doit le
lever de cette côte), les terres sont très abruptes ; on y
remarque le massif des Ghomara, ainsi qu'une petite anse
dite des Peupliers. La côte est peuplée et les terres bien
cultivées. Le rivage court ensuite vers le N.-O., présentant plusieurs petites plages de sable coupées par des pointes
garnies de roches, dites la pointe et l'anse d'Oustrak, sur
le territoire des Beni-Saïd. On rencontre ensuite la rivière
Omara, qui est considérable, et la pointe du même nom
appelée par les indigènes ras Kaa-As'ras. Dans l'intérieur,
les terres sont très hautes et couvertes de verdure. A
4 milles, elles atteignent déjà un millier de mètres pour
rejoindre bientôt les sommets élevés de la chaîne des Beni-
Hasan (V. § *Relief du sol*), dont le point culminant est le

mont Anna des cartes marines (2,201 m.). De la pointe
Omara au cap Mazari ou Tétouan des cartes marines, on
compte environ 9 milles. On rencontre des falaises à pic et
deux petites anses. Ce cap termine à l'E. la plage de sable
qui s'étend au S. de la rivière de Tétouan et qui limite la
plaine du même nom jusqu'au cap Negro, où se dressent
les sommets de la chaîne de l'Andjéra. Ce cap est appelé
par les indigènes ras El-Tarf; c'est l'*Aquilam Majorem*
des anciens; il est à 13 milles au S. de Ceuta, dont il est
séparé par une alternance de plages de sable et de pointes
de rochers. L'extrémité de la petite presqu'île de Ceuta est
appelée Almina par les Espagnols; toute la côte de l'Almina, sauf devant la ville, est formée de falaises souvent
à pic. Quant à la baie de *Ceuta* (V. ce mot), elle se trouve
sur la face septentrionale, et au fond se trouve la ville.

La côte méridionale du détroit de Gibraltar. La baie
de Ceuta commence la rive S. du détroit de Gibraltar, qui
est en général très découpée et rocheuse. Elle débute à la
petite pointe Bermeja et se continue sans modifications
jusqu'à la pointe Blanca (le *Promontorium Album* des
anciens). La côte est formée par des collines peu élevées;
elle présente des plages de sable interrompues par des falaises ou par des pointes de rocher; on y voit la petite baie
de Benzus des cartes marines, la mersa Belyounech des
géographes arabes du moyen âge, l'*Exilissa* des anciens. On
y rencontre un bon mouillage. Au fond de la baie, les
terres s'élèvent rapidement, formant une série de ter-
rasses superposées. Le mont aux Singes des cartes marines couronne cet ensemble et s'élève à 859 m. C'est
peu après la pointe Leona, au pied même de cette montagne, que se trouve l'île de Peregil, la Djezira-Taoura des
indigènes; elle est située à mi-distance entre les pointes
Almanza et Leona et semble du large se confondre avec les
terres. Elle est toute de roche, couverte de broussailles et
bordée au N. de hautes falaises; elle n'est séparée du
continent que par un étroit passage; sur ses rives existent quatre petites anses. L'île renferme une grotte dans
laquelle deux cents personnes pourraient s'abriter. On y
trouve aussi une petite source. En continuant la rive du
détroit, on rencontre la baie d'Almanza où s'étend une
petite plage de sable, puis c'est l'anse d'Erremel avec un
ruisseau du même nom. Une série de petites plages de
même nature se succèdent ensuite, telle celle qui se voit
un peu au S. de la pointe d'Alkasar et où se dressent les
ruines d'Alkasar es-Serir; une petite rivière du même nom
y débouche. La côte se continue, déchiquetée jusqu'à la
plage dite Cala Grande des cartes marines. Cette dernière
est située à 1 mille trois quarts au S.-E. d'une pointe dite
Al-Boassa des cartes marines et de 2 à 3 milles environ de la
pointe Malabata qui forme l'extrémité orientale de la baie

de Tanger. Jusque-là le rivage est formé de hautes falaises entrecoupées de petites anses parmi lesquelles on doit citer celle de Kankouch. La baie de *Tanger* (V. ce mot) a peu de profondeur; elle offre néanmoins une belle plage de sable; la côte orientale est formée par. des terres élevées. Dans le milieu à peu près de son axe débouche une rivière, l'ouâd El-Hack, et dans l'O., adossée à un plateau rocheux, est construite la ville de Tanger. Dans l'O. et au delà, la côte est constituée par une haute falaise à pente très rapide. On y rencontre l'embouchure d'une petite rivière, l'ouâd El-Iehoud, à la pointe dite Judios des cartes marines. Ensuite et jusqu'au cap Spartel, ce ne sont que de hautes falaises à pic au pied desquelles et à l'extrémité O. du continent africain s'élève le phare en arrière d'un récif nommé les Aiguilles sur les cartes marines. Le cap Spartel, le *Promontorium Ampelusium* des anciens, le djebel Ichebertal des géographes arabes du moyen âge, se termine par un massif rocheux de forme conique. Le phare est bâti sur une pointe située à un demi-mille dans le N.-E. ; c'est le seul établissement de ce genre existant en terre marocaine; il a été construit en 1864 par un ingénieur français et est entretenu par une commission international. Non loin de cet emplacement se dresse le sémaphore du Lloyd anglais.

La côte atlantique. Au S. du cap, les terres s'abaissent rapidement et donnent naissance à une série de plages de sable qui bordent l'anse de Jérémie des cartes marines. On rencontre dans une pointe rocheuse des cavernes et des carrières célèbres que l'on a cru pouvoir assimiler à la grotte d'Hercule. En général, du cap Spartel à la ville de *Larache* (V. ce mot), la côte est d'une médiocre élévation ; parfois elle est même tout à fait plate. Dans l'intérieur on perçoit les montagnes des Beni-Messaouar et des Beni-Der avec le mont Raven des cartes marines, et le djebel Habib. A 19 milles au S. du cap Spartel se trouve la petite ville d'Asilah (Arzila), au S. de laquelle la côte se relève, se prolongeant ainsi jusqu'à Larache. Entre ces deux villes, on remarque une falaise blanche dite Hafat el-Beïda. Au S. de Larache, la côte est d'abord formée de falaises dont la hauteur est d'environ 100 m., puis elle présente une série de petites collines de sable ; elle devient enfin de plus en plus basse et ne commence à se relever qu'aux environs du lac de Maulay-bou-Selham qui communique avec la mer non loin de l'emplacement de l'antique *Mulelacha*. La côte continue ensuite de présenter un aspect uniforme. A 60 milles au S. de Larache se trouve l'embouchure du fleuve Sebou et, sur sa rive gauche, la petite ville à demi ruinée de *Mehediyah* (V. ce mot). La côte est ensuite surmontée de petits mamelons coniques qui cessent à environ 8 milles au N. de la ville de *Salé* (V. ce mot);

puis ce sont des falaises. A Salé même s'étend une plage en face de la ville; de l'autre côté du fleuve Bou-Regrag s'élève *Rabat* (V. ce mot). En quittant la ville de Rabat, la côte ne présente plus jusqu'à la petite ville d'Azemmour le même aspect que celle qui précède; elle est formée tantôt par du sable, tantôt par des roches. A 8 milles au S. de l'embouchure du Bou-Regrag, on voit deux plans de collines arides et superposées qui courent parallèlement à la plage sans interruption; les collines se terminent à l'ouâd Oum-Errebia, sur la rive gauche duquel s'élève Azemmour. Au delà, la côte ne présente plus que des monticules très faibles d'environ 50 m. qui continuent de s'abaisser lentement jusqu'au cap Cantin. A un éperon rocheux qui est à 34 milles environ au S. de Rabat, et que les cartes marines nomment cap Fedalah, se voit une petite anse ouverte, et qui peut servir de mouillage par beau temps. Près de là existent les ruines d'un ancien établissement espagnol, et à 12 milles au S. s'ouvre la baie sablonneuse et rocheuse de Casablanca, le Dar el-Beïda des indigènes, l'ancienne Anfa. Le mouillage de Casablanca est mauvais et dangereux, surtout en hiver, car il est entièrement exposé aux vents du large qui rendent la mer excessivement grosse, mais telle est la rareté des points d'atterrissage sur cette côte qu'il est néanmoins un des plus fréquentés du Maroc. En quittant Casablanca, la côte court 35 milles en ligne droite jusqu'à la pointe Azemmour. Sur un espace de 2 milles, elle présente à son pied des brisants qui en sont peu éloignés; le reste est une belle plage de sable. A la pointe d'Azemmour, la côte tourne brusquement vers l'embouchure de l'ouâd Oum-Errebia; un banc de sable presque à sec lors des basses mers rend l'entrée de cette rivière à peu près impraticable; à l'intérieur elle est profonde et rapide. Au S. de cette embouchure, la côte se creuse assez profondément pour former une vaste baie se terminant au cap Mazagan qui est une pointe basse de roche, et qui abrite un peu le mouillage de Mazagan des vents de l'O. Du cap Mazagan au cap Blanc des cartes marines, le djarf el-Sefar des indigènes, la côte conserve une médiocre élévation qui lui donne une suite de collines arides descendant en pente jusqu'au rivage; le rivage entre Mazagan et le cap Blanc est bordé jusqu'à 2 milles au large de roches qui le prolongent, tandis que la côte est dominée par des falaises escarpées, bien que dans quelques endroits on remarque une plage de sable. Le cap Blanc a environ 52 m. de hauteur; au S., la côte se creuse et forme une petite baie assez profonde. A environ 6 milles dans le S., la côte à partir de la plage se relève graduellement et atteint dans l'intérieur la hauteur de 137 m. qui semble être la plus élevée de cette côte. A 4 milles au N. du cap Cantin, le ras Kantin des indigènes et le fameux

Promotorium Solis des anciens, les collines élevées commencent à s'abaisser doucement. Le cap est situé par 32°33′ lat. N. ; il a une alt. de 60 m. presque à pic. Du cap Cantin au cap Safi, la distance est de 12 milles ; la côte est formée par des falaises blanches bordées à leur pied par une étroite plage de sable. Au cap Safi, la côte tourne assez brusquement vers l'E. ; elle présente un enfoncement peu profond, entièrement ouvert aux vents du large et qui porte le nom de baie de Safi où s'élève la ville de *Safi* (V. ce mot), ou Asfi des indigènes, qui est le port le plus rapproché de la ville de Maroc ou *Merrakech* (V. ce mot). Au S. de la ville de Safi, les falaises reparaissent moins hautes que dans le N. ; cependant les terres s'élèvent de ce côté. A environ 20 milles au S. du cap Safi, on trouve l'embouchure de l'ouâd Tensift, la rivière qui passe à Merrakech, et dont la barre est entièrement à sec à basse mer durant l'été. Le caractère général de la côte demeure le même dans cet intervalle ; elle est formée par de hautes dunes de sable qui se terminent par des falaises basses ou par des pointes en pente ; elles sont surmontées par d'autres collines ayant environ 200 m. d'élévation et couvertes de broussailles. La côte, qui est inculte et aride, laisse voir des traces de cultures aux approches du massif du djebel Hadid ou montagne de Fer qui a environ 20 milles d'étendue et une hauteur de 703 m. et n'est séparé du rivage que par de petites collines couvertes d'arganiers, de lentisques et de genêts. De cette partie de côte jusqu'à *Mogador* (V. ce mot), la plage de sable se continue, et c'est seulement à 2 milles au N. de cette ville qu'elle est garnie de rochers d'une médiocre élévation. La rade de Mogador est en partie fermée par l'île du même nom, qui est de nature madréporique, couverte de sable et de terre végétale à partir d'une certaine hauteur ; elle a 836 m. de longueur du N. au S. ; elle est bordée à l'O. d'une série de petits îlots rocheux, ou, pour parler plus exactement, de simples récifs. La rade et le port de Mogador, qui sont des meilleurs du Maroc, offrent néanmoins très peu de sûreté, et, de décembre à mars, avec les vents de S.-O., le mouillage est fort dangereux ; on y est fréquemment en perdition avec ces vents qui soulèvent une houle énorme. La côte, entre la ville et le cap Sim qui est situé à 8 milles au S., présente une longue file de dunes de sable d'un aspect uniforme, et le rivage atlantique du Maroc, déjà si peu accessible et si dangereux durant l'hiver, le devient encore davantage. Abrupte la plupart du temps, elle s'élève à pic ou forme des talus rapides. Au-dessus des falaises s'étend une plaine peu profonde, limitée par un premier rang de collines séparées par des ravins. Au-dessus de ces premières collines s'élèvent d'autres hauteurs, puis au delà, dans l'intérieur, le tout est dominé par des montagnes, dernier échelon de l'Atlas méridional. Cependant au S. du cap Noun les hautes terres ne paraissent plus ; la côte s'abaisse et ne présente alors que des dunes de sable blanc jusqu'au cap Bojador, où l'on perçoit distinctement l'influence désertique. Le cap Sim est une pointe basse de sable qui descend en talus d'une hauteur de 152 m. et se termine par une chaîne de roches qui l'environnent et s'étendent à 1 mille au large. Dès que l'on a dépassé le cap Sim, la côte se creuse légèrement et demeure sablonneuse jusqu'à l'embouchure de l'ouâd Tidsi qui est à 7 milles du cap ; les falaises reparaissent près de cette rivière. De l'ouâd Tidsi au cap Tefelneh, des falaises bordent en effet la côte; elles s'élèvent dans l'intérieur, et à 7 ou 8 milles du rivage forment une chaîne haute de 700 à 800 m. Au-dessous on remarque une suite de collines s'élevant sur la rive gauche de la rivière Tidsi et qui vient se terminer au cap. Au S. du cap, on rencontre une baie peu profonde avec une petite plage de sable, puis la côte redevient abrupte jusqu'à la rivière dite asif-Aït-Amer, et elle offre le même caractère jusqu'au cap Guir ; les terres de l'intérieur entre les deux caps s'élèvent à 900 m. Le cap Guir ou ras Aferni est situé par 30°38' lat. N. ; à 29 milles au S. du cap Tafileh, il a 366 m. d'élévation ; il est l'extrémité de la grande chaîne de l'Atlas. Au S. du cap Guir, le rivage est formé par des falaises rocheuses ; à 5 milles du cap coule l'ouâd Tamrakht, et ensuite commence une série de plages à peine interrompues par quelques ramifications des montagnes voisines, et cela jusqu'à la petite ville d'Agadir, dont la baie offre un bon abri contre les vents du N.-E. et de l'E. ; au bas de la ville se trouve le village de Fonti. A partir d'Agadir, la plage, entremêlée de quelques dunes, s'étend jusqu'aux environs d'Aglou; c'est à 5 milles 1/2 au S. d'Agadir que l'ouâd Sous se jette dans la mer. Entre l'ouâd Sous et l'ouâd Masa, la plage n'offre aucun point remarquable; elle semble même déserte, les villages étant dans l'intérieur. Le cap d'Aglou fait, par 29°49' N. et 12°08'89" long. O. (Paris), une très légère saillie sur la direction de la côte ; il y existe un petit mouillage abrité par quelques rochers. Au S. de ce cap on observe un changement bien tranché dans l'aspect de la côte, car bien que, comme au N., la mer déferle sur la plage, cependant au S. du cap les rochers gris de la côte sont surmontés par des collines vertes qui, en approchant de la mer, forment des falaises de grès de 30 m. d'élévation environ. A une grande distance dans l'intérieur, une chaîne haute de 610 m. commence à se diriger vers la côte en se divisant, et le pays environnant, cultivé, est très peuplé. A 12 milles au S.-O. d'Aglou, le caractère du pays change de nouveau ; les collines reprennent un aspect abrupt et aride, formant différentes chaînes qui augmentent graduellement de hauteur jusqu'à ce qu'elles rejoignent celles des montagnes de l'intérieur élevées de 1,200 m. Plus au S.-O. encore, ces montagnes arides et la plage de sable sont remplacées par des falaises d'un rouge sombre, formant de petites baies et des criques dans lesquelles les indigènes abritent leurs bateaux. Les plus importants de ces endroits sont, en allant du N. au S., la plage de Sidi-bou-Nouar, à 5 milles 1/2 au S. du cap d'Aglou; l'anse rocheuse de Sidi-bou-S'aïd, à 9 milles plus loin; Garizim, à l'entrée d'une petite rivière, à 20 milles au S. d'Aglou; enfin deux petites plages situées un peu au N. de l'embouchure de l'ouâd Gueder des cartes marines qui se jette au fond d'une petite baie comprise entre deux pointes de roches escarpées. Cette petite anse a une eau profonde, mais elle n'offre aucun abri aux navires, bien que par beau temps on puisse y débarquer. Au S. de cette rivière les falaises continuent; elles sont coupées par plusieurs ravins. La côte présente à son sommet une ligne très unie; aussi l'a-t-on nommée Table du cap Noun. On y rencontre quelques petites plages de sable parmi lesquelles celle d'Ifni, qui se trouve au pied des falaises. Le cap Noun, appelé par les indigènes ras Ouôrzek, est situé par 28° 45′ lat. N.; c'est une falaise de 52 m. d'élévation, de couleur grise et peu perceptible du large. A 2 milles au S. du cap, il y a une plage parsemée de rochers qui formaient autrefois un môle et que les naturels nomment Souk-Enneçara ou Marché des chrétiens. A 5 milles au S. du cap Noun se voit l'embouchure de l'ouâd Assaka qui arrose tout le pays. C'est au S. de ce cours d'eau que commence le pays de Tekna qui se continue jusqu'à la Saguïat el-Hamra. A partir de l'ouâd Assaka, la côte durant 10 milles est en général élevée et escarpée; on y rencontre quelques minces cours d'eau, dont quelques-uns sont saumâtres, puis une plage basse qui a 5 ou 6 milles de longueur et qui est désignée dans le pays sous le nom d'El-Bouïdha. La côte est escarpée et bordée de collines et de dunes jusqu'à l'embouchure de l'ouâd Draa. En approchant de ce fleuve, la côte est dominée par un long plateau de sable en forme de table et élevé de 250 m. environ. A l'ouâd Draa commence une grande plaine sablonneuse qui s'élève d'une quinzaine de mètres au-dessus du niveau de la mer; on rencontre une série de petites coupures et de plages sans importance, puis, au S. d'un petit cap, une longue plage semée de débris de naufrages; enfin par 28° 4′ de lat. N. est un bras de mer qui pénètre perpendiculairement à la côte jusqu'à une distance de 1,200 m. Là il décrit un coude brusque à l'O. et court parallèlement à la plage pendant 5,000 m.; sa largeur atteint 1,000 m.; à son extrémité occidentale, il s'élargit considérablement et prend une forme circulaire dont la circonférence est de plus de 600 m. Au fond de cette baie que les cartes marines désignent du nom d'Argila ou Porto Cansado et aux environs, la plage ne présente que du sable avec quelques rochers et de maigres arbustes. A l'O. de Porto Cansado, on traverse de grands espaces sablonneux, dunes nombreuses qui se terminent à la mer par des falaises de 27 à 30 m. de hauteur, puis viennent de hauts plateaux jusqu'à la plage de Tarfaya qui est à 29 milles au S. Il n'y a pas de plage, et la mer bat directement le pied des falaises; entre ces deux points il y a quelques salines qui produisent un excellent sel, et, dans l'intérieur, un désert plat et sablonneux présentant de légères ondulations et qui s'étend à perte de vue. A très peu de distance de la plage de Tarfaya se voient quelques îlots ou rochers dont le plus grand a environ 220 m. de longueur. Le cap Juby ou Bouïbicha est par 27° 58' lat. N. C'est une pointe très basse se terminant par un mamelon couvert de broussailles; à son extrémité il existe des récifs. A partir du cap Juby, la côte tourne brusquement au S.-S.-O., formant plusieurs petites baies, aux pointes desquelles il y a quelques roches détachées ou des brisants. Cependant la plage est généralement formée par du sable à l'exception du cap Juby et de trois pointes où existent des falaises. A 16 milles au S., on trouve Tafaraut avec quelques rochers au milieu d'une plage, et plus loin débouche la petite rivière dite Saguïat el-Hamra ou la Rigole rouge qui limite au S. le territoire de Tekna et que l'on peut considérer comme formant dans cette direction la frontière de l'empire chérifien.

Résumé et navigation. — La côte septentrionale du Maroc est orientée sensiblement E.-O. Le développement en est de 215 milles; considérée dans son ensemble, elle est formée par de hautes montagnes dont les pentes s'étendent souvent jusqu'au bord de la mer. Dans toute cette étendue, un bâtiment ne rencontre aucune baie profonde, si ce n'est celle d'Alhucemas qui, ainsi que tout le littoral, est exposée directement aux vents du N., redoutables pendant l'hiver; mais la côte est saine et l'on pourrait sans crainte s'en approcher à petite distance, si ce n'était l'hostilité des habitants. La rive méridionale du détroit de Gibraltar, formée par l'extrémité septentrionale du Maroc, a un développement d'environ 40 milles; elle conserve quelques-unes des caractères de celle du Rif, mais la navigation dans le détroit est pour les bâtiments à voiles particulièrement incertaine et difficile en raison des vents très variables et des courants violents qu'ils y rencontrent. Quant à la côte occidentale, en général basse et sablonneuse, elle est presque droite et si saine qu'on peut en approcher partout à 1 mille et demi ou 2 milles; sur toute son étendue elle est généralement aride; on voit çà et là quelques falaises, mais plus souvent des dunes de sable basses avec quelques rochers.

Toute la côte atlantique du Maroc offre peu d'abri, car elle
est partout très exposée et battue par les vents et la mer
du large; aussi les vents d'O. la rendent-ils on ne peut
plus dangereuse, non seulement en hiver, mais encore dans
la belle saison à cause du brisant qui la garnit et commence sur les parties sablonneuses à un quart de mille au
large par les fonds de 6 ou 10 m.; la mer y devient
aisément très grosse. Du cap Spartel à l'embouchure de la
Saguïat el-Hamra, le développement des côtes est d'environ
1,140 milles.

Relief du sol. — Le système montagneux du Maroc
est double. C'est d'abord la grande et haute chaîne de l'Atlas
qui, partant du cap Guir, traverse le Maroc obliquement dans
sa plus grande largeur et atteint l'Algérie, où, s'abaissant de
plus en plus, elle donne naissance à la région des Hauts-
Plateaux. Cette ligne de faîte elle-même possède une série
d'autres chaînes parallèles tant au N. qu'au S. de son axe.
Nous les examinerons plus loin avec tout le détail qu'elles
comportent. Le second système est constitué par le massif
du Rif, près des environs de Tanger, de l'Andjera, et se
continue aussi vers l'extrême O. de l'Algérie où il forme
les montagnes des environs de Nemours. Ces deux systèmes
montagneux sont séparés très nettement par ce que l'on
peut appeler la trouée de Fez qui, unissant les royaumes
de Fez et Tlemcen, s'étend de la qasba de Messoun jusqu'au
rivage de l'océan en formant la vallée de l'ouâd Innaouen,
la plaine de Fez et de Mequinez et la région des Zemmour
jusqu'à la ville de Rabat.

Ptolémée ne nomme que trois montagnes principales
dans la Tingitane : le Διουρ, par 8°30′ de long., 3° de
lat.; le Φοκρα, par 10° et 20°30′, et l'extrémité occidentale du Δουρδα ou Δουρδος, par 15° et 29°30′. Tissot ne
met pas en doute que le Diur ou Diour ne soit le double
massif du Tselfat et du Zerhoun, au N. et entre Mequinez
et Fez; le Phocra, qui s'étendait jusqu'au promontoire Rus-
sadir, et sous lequel étaient situés Herpis et Molochath,
se retrouve dans la chaîne qui domine la rive gauche de la
Molouïa, l'antique Μολοχάθ, et s'étend effectivement de
l'Atlas jusqu'au cap des Trois-Fourches. Le Diour paraît
correspondre à la portion de l'Atlas où la Molouïa prend
sa source, à laquelle se rattache la chaîne du littoral de la
Maurétanie Césarienne.

Les connaissances du géographe ancien s'appliquent assez
bien au système orographique que nous attribuons de nos
jours au Maroc septentrional. D'une part, et à l'O., l'ouâd
Sebou, le *Subur amnis* de Pline, qui se déverse dans l'Atlantique, d'autre part et à l'E., la Molouïa, tributaire de
la Méditerranée, circonscrivent, par leurs vallées respec-
tives et par celles de leurs affluents, une contrée de forme

quadrangulaire, dont les lignes de crêtes ne sont pas orientées dans le même sens que le Grand Atlas. Un passage, dont l'alt. est d'environ 960 m., Bab-Tamalou, dans la région de Mequinez, sépare les deux régions sur la route de Tlemcen à Fez où la cime majestueuse du djebel R'iata semble marquer dans le N. le dernier chaînon de l'Atlas. Dans la contrée du N., le relief principal de terre se rapproche de littoral méditerranéen : c'est là que se dressent les pics les plus élevés, dirigeant, par les saillies de leurs crêtes, la navigation côtière. L'ensemble de ce système, où domineraient, suivant Lenz, les formations anciennes, s'abaisse vers le rivage, de manière à présenter un versant montagneux qui se développe en un vaste hémicycle du ras Ouòrzek ou cap des Trois-Fourches à la pointe de Ceuta. D'après ce que l'on aperçoit de la mer, et ce que confirme Ibn-Khaldoun, la constitution orographique du Rif offrirait un certain nombre de chaînes, courant parallèlement entre elles et au rivage. On peut y voir le pendant en Afrique des chaînes espagnoles de la Contraviesa, des Alpujarras, et de la sierra Nevada. La direction et la longueur des cours d'eau, qui débouchent là dans la Méditerranée, indiquent que ces chaînes doivent être interrompues sur plusieurs points et comme divisées chacune en différents massifs allongés.

Le nœud central paraît se trouver entre les Sanhadja et les Metalsa, de l'O. à l'E., et à mi-chemin de Taza à Nokour, à environ 80 ou 90 kil. de la mer. L'existence d'un massif considérable nous est en effet confirmée par El-Bekri, qui nous le décrit sous le nom de djebel Gouïn des Beni-Gouïn, montagne située sur le territoire des Guezennaïa, et où prennent naissance les trois cours d'eau les plus importants du Rif, l'Ouergha, le Ghis et le Nokour, mais nous en ignorons l'altitude. Cette indication, venant toutefois d'El-Bekri, a d'autant plus de valeur que l'écrivain arabe, dans la Cordoue musulmane où il rédigea son ouvrage, avait accès à des documents de première source (les rapports des agents du khalife en Afrique), et il pouvait interroger les fonctionnaires de toutes les parties du Maroc qui affluaient à la cour.

La chaîne côtière, qui commence sur le détroit au djebel des Beni-Saïd, à côté de Tétouan et dont quelques points seulement ont été relevés de mer, jusqu'à un maximum de distance de 23 kil. de la côte, est la seule pour laquelle on possède des mesures d'altitude. De ce qui est acquis, il résulterait que, culminant par 2,204 m. dans le djebel Beni-Hasan (le mont Anna des cartes), à 25 ou 26 kil. de Tétouan, elle atteint chez les Ghomara 1,800 et 1,850 m., chez les Mettioua el-Bahr 1,410 et 1,787 m., chez les Beni-Oulichek de 1,437 à 1,620 m. M. Vincendon-Dumoulin, dans son tracé hydrographique de la côte, n'a pas signalé de neige sur ces sommets en août, septembre et octobre, mais on en a vu, en juin, sur les pics des Mettioua el-Bahr et chez les Ghomara.

Les parties montagneuses du Rif sont d'ailleurs réputées pour leur climat très froid, comme aussi pour les forêts qu'elles renferment. Quant à l'angle projeté par le Maroc, en face de l'Espagne, entre l'Atlantique et la Méditerranée, ce n'est qu'un prolongement du système du Rif, et il en présente les mêmes caractères au point de vue orographique. Comme le massif du Rif, le massif de l'Andjera et celui d'El-Haouz qui le relie se composent d'un certain nombre de chaînes parallèles aux deux mers et perpendiculaires au détroit. C'est ainsi que la sierra d'El-Haouz, la plus orientale et aussi la plus élevée, continue les montagnes des Ghomara et des Beni-Aouzmer où se rencontrent les points culminants. La chaîne la plus occidentale et la plus basse qui se termine à la pointe Malabata se rattache directement par le djebel Sidi-Mghaït et l'Imma-Mghaït au massif des Beni-Messaouar, de même que la chaîne intermédiaire dont le djebel Beni-Maadan forme le principal sommet correspond à celui des Beni-Der. Ces diverses séries de hauteurs se réunissent à Aïn ech-Chems, au centre du triangle circonscrit par le détroit, la Méditerranée et la route de Tanger à Tétouan, pour se séparer de nouveau et former les nombreux chaînons perpendiculaires au détroit qui déterminent les principales saillies du littoral. M. de Foucauld divise l'Atlas marocain proprement dit en trois chaînes parallèles dont l'orientation approximative serait de l'O.-S.-O. à l'E.-N.-E. qu'il appelle Grand Atlas, Moyen Atlas et Petit Atlas.

Grand Atlas. Des trois chaînes, c'est de beaucoup la plus connue ; sur une partie de son parcours elle est désignée par les indigènes sous le nom d'Adrar n'Deren, visible de Merrakech ; visitée par quelques voyageurs, explorée dans sa partie occidentale par MM. Hooker et Ball, franchie au N. de Taroudant par le Dr O. Lenz, abordée puis traversée par le plateau inexploré de Mtouga et par le djebel Amsri par M. de La Martinière, auprès des sources du Ziz par Caillé et par Rohlfs, elle a été passée à trois points différents par M. de Foucauld. C'est une longue chaîne ininterrompue, mais percée d'un grand nombre de cols (col de Bibaouan, Tizi n'Ouichdan, Tizi n'Tamejjout, etc.), débouchant dans la vallée du Sous ; Tizi n'Tamanat, Tizi n'Tichka, Tizi n'Telouet, Tizi n'Amzoug, Tizi n'Tarkedit, Tizi Aït-Imi, Tizi ou-Réjimet, etc., débouchant dans la vallée du Draa ; Tizi n'Telremt débouchant dans la vallée du Ziz ; Tizi n'Tanslemt débouchant dans la vallée du Guir. Les principales alt. observées sont : 1,530 m. (col de Bibaouan, près du Dchar d'Iferd, M. de La Martinière), 3,350 m. (mont Taza, M. Hooker), 3,475 m. (mont Miltsin, Washington), 3,500 m. (col de Tagherot, M. Hooker), 3,800 m. (pic d'Ifguig, chez les Aït-Mourzouk, M. de La Martinière), 2,634 m. (col de Telouet, chez les Glaoua, M. de Foucauld), 2,182 m. (col de Telremt, près de Ksabi ech-Cheurfa, M. de Foucauld). A juger d'après la persistance des neiges, la partie la plus élevée de la chaîne serait celle qui est située au N. du Dadès, du Todr'a, du R'eris, du pays de Ziz, et dans ce groupe le massif du djebel El-Aïachi domine de beaucoup les autres sommets. La neige commence sur la chaîne vers l'O., à l'E. du col de Bibaouan; elle y finit vers l'E. aux derniers pics du djebel El-Aïachi. Après ce massif, il n'y a plus de traces. De Bibaouan à l'océan, le Grand Atlas s'abaisse rapidement par la région des Ida ou Tanane. Après le djebel El-Aïachi dans l'E., il décroît d'une façon continue et finit par expirer dans la région des hauts plateaux marocains voisins de l'Oranie et désignée par les indigènes sous le nom de Dahra. La crête du Grand Atlas paraît être une arête et non un plateau (M. de Foucauld), mais elle ne présente l'aspect d'une ligne uniforme que vers ses extrémités orientale et occidentale; partout ailleurs elle se découpe en nombreuses dentelures. Le versant N. est en général boisé; le versant S. est nu, pure roche dans les bassins du Draa, du Ziz et du Guir, en partie boisé dans celui de l'ouâd Sous.

Moyen Atlas. Cette chaîne est de beaucoup la moins connue. Du col de Telremt, M. de Foucauld en a entrevu une portion. C'était une longue crête uniforme, couverte de neige, se relevant en un point pour former un pic, le djebel Tsouqt, et finissant brusquement par une haute falaise, le djebel Oulâd-Ali; suivant M. de Foucauld, elle commencerait au N. de Demnat à la trouée de la Taçcaout où ses dernières pentes viennent se confondre avec celles du Grand Atlas. C'est elle que traverse l'ouâd El-Abid dans le long kheneg qu'il se creuse; c'est elle qui borne au S. la plaine du Tadela et qui sépare sur toute leur longueur les bassins de l'Oum-Errebia et de l'ouâd El-Abid. M. de Foucauld l'a franchie au col d'Ouaouizert, sur la route de la qasba des Beni-Mellal par 1,529 m. d'alt., et ce voyageur en estimait les sommets à 1,900 m. Depuis Demnat, elle ne cesse de s'élever jusqu'au djebel Tsouqt qui paraît en être le point culminant, et M. de Foucauld pense qu'elle se continue jusqu'aux monts de Debdou qui ont 1,648 m., et la large trouée que s'est percée la Molouïa à l'O. de ces monts ne serait qu'un kheneg : la chaîne irait alors expirer sur les hauts plateaux du Dahra. Le Moyen Atlas commencerait donc au N. de Demnat, atteindrait son point culminant au djebel Tsouqt et se continuerait jusqu'au Dahra où il viendrait expirer comme le Grand Atlas. Les deux versants sont boisés; cette chaîne a été franchie par René Caillé entre Ksabi ech-Cheurfa et Guigou, par Rohlfs entre

Tesfrout (ouâd Sebou) et Outat Aït-Izdeg (2,085 m. au col),
et au col de Ouaouizert (1,529 m.) par M. de Foucauld.

Petit Atlas, appelé aussi *Anti-Atlas*. C'est le plus connu
après le Grand ; Rohlfs en a suivi longtemps le pied N. ; le
Dr O. Lenz l'a franchi au S. d'Iligh (1,100 m.), et il a été
un des principaux objets des recherches de M. de Foucauld
qui en a longé le pied méridional de Tisint à Agga, le pied
septentrional d'Agadir-Seghir aux Menabs et du Dadès au
Gheghis, et l'a traversé en six points différents : aux cols
d'Iberqaqen, d'Azrar, de Haroun, d'Agni, de Tifernin,
d'Iril n'Oïttob, en observant les alt. de 1,912, 1,934,
2,059, 1,674, 1,872, 2,280 m. Le Petit Atlas est cou-
ronné presque partout d'un large plateau à ondulations légères, et, peu pierreux dans la partie orientale de la chaîne
(celle qui est à l'E. du Draa et qui porte le nom de Sarro),
l'est moins dans la partie centrale où le tapissent de longues étendues d'alfa ; vers l'O., il se garnit d'une couche
de bonne terre, se couvre de champs d'amandiers, de villages, et forme une des plus riches contrées du Maroc.
Le versant S. du Petit Atlas est nu et rocheux ; le versant
N. l'est aussi dans les bassins du Draa et du Ziz, mais il
est boisé dans celui du Sous au pied seulement vers l'E.,
en entier vers l'O. La crête a partout l'aspect d'une ligne
horizontale ; en quelques endroits, non loin du méridien de
Taroudant, M. de Foucauld y a distingué quelques traces de
neige, et M. de La Martinière l'a vue blanche de neige
durant l'hiver 1890-91. Le Petit Atlas commence auprès de
l'océan ; M. de Foucauld pense qu'il se termine dans les
hauts plateaux qui se trouvent à l'O. de l'ouâd Ziz et que
les plateaux se continuent au delà de ce fleuve et se prolongent jusqu'en Algérie.

Telles sont les trois chaînes qui forment la portion fon-
damentale de l'Atlas marocain ; après elles on peut en
citer deux autres secondaires ; les directions en sont parallèles à celles des premières ; elles sont situées : l'une,
le djebel Bani, au S. du Petit Atlas ; l'autre, dont semblent
faire partie le grand plateau d'Oulmess, de la région des
Zaïane au S. du Mequinez, et les monts des Ghiyâtsa au S.
et bordant la route de Fez à Oudjda, au N. du Moyen
Atlas. Le djebel Bani est, suivant M. de Foucauld, une
étroite digue de roche nue, peu élevée, ayant dans sa partie centrale 924 m. d'alt. ; il commence à l'océan au S.
du cap Noun et se prolonge au delà de l'ouâd Draa qui le
traverse au kheneg de Foum-Taqqat, au-dessous de Tame-
grout. M. de Foucauld pense qu'il expire, comme le Petit
Atlas, entre le Draa et le Ziz. Quant à la chaîne dont on
peut voir des portions dans le plateau d'Oulmess et le djebel Ghiyâtsa, elle semble avoir son origine dans les petites
montagnes des Zaïre, à l'E. de la ville de Rabat ; elle pas-
serait à quelque distance au S. de Sefrou, serait traversée

par le fleuve Sebou à un kheneg et atteindrait la Molouïa
par les monts des Ghiyátsa ; ce fleuve s'y frayerait un large
passage au N. de la plaine de Tafrata et elle se prolongerait
ensuite sans interruption jusqu'à l'Oranie par les monts
Mergeshoum, Beni-bou-Zeggou, Zekhara, Beni-Snouss.
Cette chaîne a été franchie par Caillé sur le territoire des
Aït-Ioussi, par Rohlfs sur celui des Beni-Meguiled, par
M. de Foucauld sur celui des Zaïan. Les alt. observées ont
été 1,290 m. à Oulmess (de Foucauld) et 1,517 m. au
douar des Oulàd-Sidi-Abdallah (Rohlfs). En résumé, ce large
massif atlantique du Maroc est formé de cinq chaînes parallèles dont trois essentielles et deux secondaires. On a vu
qu'il y a une arête principale, le Grand Atlas, dominant de
beaucoup tout le reste ; la plupart des fleuves du Maroc :
Molouïa, ouâd El-Abid, Tensift, Sous, Draa, Ziz, Guir, y
prennent leur source. Après lui vient le Moyen Atlas, le
second en hauteur ; deux fleuves sortent de son flanc :
l'Oum-Errebia et le Sebou. La moins élevée des trois
chaînes principales est le Petit Atlas ; il ne donne naissance
qu'à des rivières. Quant aux deux chaînes secondaires, seuls
de petits cours d'eau en sortent.

Aperçu géologique et minéralogique. — On connaît très peu la géologie du Maroc pour ce qui est de l'Atlas ;
seules les observations de Ball durant le voyage de Hooker,
ainsi que les recherches de von Fritsch et de Reise sont à
remarquer. Lenz a établi que, vers le N., les couches les
plus récentes sont les plus développées, tandis qu'au S.
les formations les plus anciennes dominent ; l'Atlas n'aurait
donc pas une construction symétrique comme, en quelque
sorte, les Alpes, par exemple, où les terrains récents se
groupent autour d'un noyau central plus ancien. Une formation de grès rouge joue dans l'Atlas occidental un rôle
très important, mais jusqu'ici on n'a pu déterminer exactement son époque ; cette formation y forme d'énormes assises ;
puis on y a trouvé quantité de schistes anciens, des cal-
caires, des marbres, et le faîte de la grande chaîne a paru
constitué par des masses de porphyre : tel le djebel Tiza,
gravi par Hooker et Ball, qui s'est fait jour à travers des
micaschistes, et telle la partie supérieure du pic d'Ifguig
observé par M. de La Martinière ; mais on rencontre quantité de roches basaltiques et aussi des diorites dans le restant de la chaîne. Les terrains houillers paraissent avoir
été révélés par la présence des schistes à fougères que l'on
rencontre aux alentours et qu'a recueillis M. Balansa. Le
géologue anglais Maw y a étudié, dans les vallées qui s'ou-
vrent sur l'Atlantique, des moraines latérales, médianes et
terminales en tout semblables à celles des Alpes, tandis
que l'on observe des collines entièrement composées de
débris glaciaires qui se succèdent à la base des montagnes

en une large zone qu'interrompent de distance en distance
les bouches des vallées. M. Maw estime que ces amas de
débris auraient été déposés par d'immenses champs de
glace qui recouvraient les arêtes montagneuses et qui, en
se retirant, ont laissé entre la grande chaîne et les collines
de déblais morainiques une dépression large, sorte de ri-
maye qui indique les modifications du climat de la contrée
(Reclus). Dans le massif du Rif, à l'extrême N. du Maroc,
on ne connaît guère mieux la géologie. Duveyrier a dis-
cerné la formation volcanique basaltique dans les montagnes
des Guelaâya, et il a aussi remarqué des roches sédimen-
taires des terrains secondaires (oolithique, crétacé et néo-
comien) et tertiaire éocène aux environs de Tanger et de
Tétouan. On sait, d'autre part, qu'il existe quelques traces
des gisements de houille au N.-E. de cette dernière ville.
M. Maw a constaté que la côte S. du détroit de Gibraltar
présentait les preuves évidentes d'un soulèvement moderne;
les observations de Duveyrier sur les sebkha au S. de
Melila tendent vers la même conclusion pour le bassin dont
il s'agit. Léon l'Africain nous a laissé la mention d'un vol-
can alors en activité dans la région du Rif, mais dont
rien n'a pu à notre époque faire retrouver l'emplacement.

En ce qui a trait aux minéraux utiles, le Maroc est
certes un des pays les moins connus du monde. On y
parle de la présence de l'or dans le Sous, mais le gouvernement chérifien, jaloux des richesses et redoutant les
entreprises étrangères, en interdit la recherche et à plus
forte raison l'exploitation; des galeries argentifères existent en maints endroits; dans le massif de l'Atlas, entre
Merrakech et Taroudant, on a rencontré du cinabre; le
cuivre est assez commun dans le Sous, dans l'Anti-Atlas
où il paraît exister à l'état natif et donne naissance à une
industrie locale; le fer est répandu au Maroc. On rencontre
une pyrite arsenicale assez riche dans la région d'Ouazzan, au djebel Sarsar; le sel gemme est commun au N. de
Fez, de même la terre à foulon, et enfin on a trouvé des
sources de pétrole aux environs d'El-Ksar el-Kebir et au
djebel Zerhoun, tandis que le massif des Beni Snassen, en
face de la frontière algérienne, est riche en minerai de zinc.

Hydrographie. — Nulle partie de la Berbérie n'est
aussi abondamment arrosée que le Maroc. La hauteur du
système montagneux que nous venons d'étudier assure
aux différents fleuves du Maghreb el-Acsa un débit d'eau
considérable, tandis que, ainsi que nous le verrons plus
loin, le régime des pluies y entretient une humidité relativement considérable, ce qui achève de donner un
caractère très spécial à cette partie de l'Afrique du Nord
que l'on a parfois appelée, et non sans raison, la *Nor-
mandie africaine*. L'hydrographie du Maroc peut se

diviser en : 1° bassin de la mer Méditerranée comprenant tous les cours d'eau depuis la frontière oranaise jusqu'à la ville de Ceuta ; 2° bassin du détroit de Gibraltar avec les cours d'eau qui débouchent sur la rive méridionale du détroit ; 3° bassin de l'océan Atlantique, tous les fleuves et rivières aboutissant à la côte marocaine depuis le cap Spartel au N. jusques et y compris la Saguïat el-Hamra au S. ; 4° bassin du Sahara comprenant les fleuves ou cours d'eau tels que l'ouâd Ziz et l'ouâd Guir qui vont se perdre dans les sables du désert.

Bassin de la Méditerranée. Nous citerons les principaux cours d'eau avec leurs affluents, en commençant par la région frontière à l'O. de l'ouâd Kiss ou Adjeroud. Le pays marocain, limitrophe du dép. d'Oran et situé à l'E. de la Molouïa et au S. du massif des Beni-Snassen, ne contient qu'un cours d'eau un peu important et qui porte ses eaux à la rivière algérienne la Tafna ; c'est l'ouâd Bou-Naïm qui coule à peu de distance de la ville d'Oudjda et qui, après s'être grossi de l'ouâd Isly, va rejoindre près de la frontière l'ouâd Mouilah, affluent de la Tafna. A environ 8 milles et demi à l'O. de la frontière actuelle, sur une plage sablonneuse, débouche la Molouïa (différentes orthographes : Mlouia, Molouya, Moulouïa), le plus long fleuve du bassin méditerranéen de la Berbérie tout entière (environ 420 kil.) ; il prend sa source dans la plaine désertique appelée Khela-Molouïa, sur le territoire des Beni-Meguiled, au pied du massif du djebel El-Aïachi, dont les neiges éternelles alimentent ses eaux. La Molouïa reçoit un grand nombre d'affluents, dont on peut citer les suivants dans l'ordre où on les rencontre en descendant le fleuve : ouâd Outat Aït-Izdeg, sur la rive droite, aux confins des Beni-Meguiled et des Aït ou-Afella ; ouâd Ouizert, sur la rive droite, entre Megdoul et El-Bridja ; ouâd Souf ech-Cherg (r. g.), ouâd Tiddarin (r. dr.), ouâd Tiouant (r. g.), ouâd Medfa-Keddou (r. droite), ouâd Chegg el-Ard, sur la rive gauche, au point dit Outad Oulâd el-Hadj ; ouâd Beni-Riis, sur sa rive droite ; ouâd Melillo, sur la rive gauche, à Gersif ; ouâd Messoun, sur la rive gauche ; ouâd Za, sur sa rive droite, et ouâd Qceb, sur sa rive droite. La vallée de la Molouïa est, en général, très large ; elle a été en grande partie explorée par M. de Foucauld, mais nous ne savons point ce qu'elle est dans sa partie haute. Chez les Beni-Meguiled, à partir du territoire des Aït-Izdeg, elle a une largeur uniforme d'environ 16 kil. ; c'est alors une vaste plaine unie au milieu, en pente légère sur les deux bords, bornée à gauche par le pied du Moyen Atlas, à droite par le Grand Atlas. C'est à Misour qu'elle atteint sa plus grande largeur, environ 32 kil. ; c'est alors une plaine, unie et nue, appelée du nom du fleuve. Elle est bornée à gauche par le Moyen Atlas, haute muraille sombre, aux crêtes neigeuses, à droite par le Rekkam,

suite de pentes douces qui, par une succession de plateaux très bas, aboutissent au Dahra. De Misour à Outat
Oulâd-Hamid, la vallée va en se rétrécissant jusqu'à un
défilé ou kheneg, sorte de trouée à travers le Moyen Atlas,
où la montagne commence à prendre le nom de la ville voisine de Debdou. A cet étranglement succède une plaine, sur
la rive droite; c'est le vaste désert de Tafrata, se prolongeant jusqu'au pays de Za; sur la rive gauche, c'est la
vallée de l'ouâd Melillo, qui coule entre le Moyen Atlas et
la chaîne des Ghiyâtsa, et se jette dans la Molouïa à Gersif.
Cette plaine est suivie d'une autre qui est séparée de la
première par une ligne de coteaux très bas que ce fleuve
perce vers les confins des Hoouara et des Ahlâf, entrant
alors dans la nouvelle plaine qui porte à droite le nom
d'Angad, à gauche ceux de Jell d'abord, de Gâret ensuite;
rien, pendant que le fleuve parcourt ces plaines, ne détermine les limites de sa vallée. Au delà du territoire des Beni-
Oukil, le fleuve rentre en montagne, et sa vallée, jusqu'à
la mer, demeure resserrée entre les flancs d'une haute
chaîne au milieu de laquelle il s'est percé un passage; à
droite, ce sont les monts des Beni-Snassen, à gauche le
massif des Kebdana. Aucun pont n'existe sur la Molouïa;
aussi le passage même aux gués est souvent impraticable
aux époques des grandes pluies ou de la fonte des neiges
dans l'Atlas, bien que ce fleuve soit, en général, peu large
en comparaison de son débit d'eau. De la montagne des
Kebdana coulent, en outre, un grand nombre de petits
cours d'eau, torrents ou ruisseaux plus ou moins intermittents qui, au S., viennent grossir de leurs eaux la masse
de la Molouïa et, au N., se déversent directement dans
la Méditerranée. Aucun d'eux n'est important.

A l'O. du massif des Kebdana, le vaste bassin dont la
sebkha d'Abou-Areg occupe le point le plus bas est sillonné par un assez long cours d'eau, l'ouâd Selouane, qui
collige toutes les eaux du Gâret septentrional. Quelques
cours d'eau de moindre importance et venant du pays des
Guelaâya se dirigent également vers la sebkha, mais tous
viennent se perdre dans une petite plaine qui, de ce fait,
a reçu le nom d'El-Feïda et qui est située entre les montagnes de Tazouda au N. et celles d'Ouksan au S.-E.; les
principaux cours d'eau qui y aboutissent sont l'ouâd Beni-
Nsar et l'ouâd Zer'enran. En allant de l'E. à l'O., on rencontre ensuite sur cette partie du littoral et, se jetant directement dans la mer, la rivière de Melila, appelée par les
indigènes ouâd Beni-Chiker et par les Espagnols rio de
Oro; l'ouâd Ikhezacin, qui sert de limite entre deux fractions des Guelaâya, les Beni-Chiker et les Beni-bou-Gafer,
l'ouâd Bou-Hamza, l'ouâd Kert, qui sert de limite entre le
Rif et le Gâret; son volume d'eau est un peu inférieur à
celui de la rivière algérienne la Tafna. Le système hydro-

graphique du Rif ou du moins de la région méditerranéenne de cette partie du Maroc est peu étendu, en raison
du rapprochement des chaînes de montagnes de la côte
et de leur direction parallèle au rivage ; aucun des cours
d'eau de ces territoires n'atteint une longueur un peu considérable. C'est ainsi que l'ouâd Kert n'a guère plus de
90 kil. ; puis, il convient de citer l'ouâd Bou-Azzoun ou
ouâd Frezar, l'ouâd El-Djeman, l'ouâd Nokour, l'ouâd Ghis,
célèbre par l'ancienne ville de Nokour, située à leur confluent ;
l'ouâd Bou-Ferah qui se jette à Badis, en face du préside espagnol de Peñon de Velez ; l'ouâd Ourinega, l'ouâd Tersa,
l'ouâd Tarera, l'ouâd Tiguisas, et enfin l'ouâd Sifellaou, qui
prend sa source près de la ville de Chechaouen. Plus loin,
en se rapprochant de la rivière de Tétouan, on rencontre l'ouâd
Merabet, et enfin l'ouâd Tanisa, avant d'arriver à l'ouâd
Martil qui passe au bas de Tétouan. Entre cette dernière rivière et la péninsule de Ceuta qui termine le rivage méditerranéen, on remarque l'ouâd Es-Smir, l'ouâd Mtamès, qui est
l'ouâd Negro des cartes marines, l'ouâd Fnidack, et enfin
l'ouâd Aïouat qui, à certaines époques, a formé comme la limite
méridionale du territoire qui entoure le préside espagnol.

Bassin du détroit de Gibraltar. La disposition des
montagnes qui bordent la rive méridionale du détroit de
Gibraltar fait comprendre qu'aucun cours d'eau de quelque
importance ne peut y exister ; aussi de Ceuta à la pointe
du cap Spartel ne citerons-nous que les rivières suivantes,
dont plusieurs ne sont même que de simples torrents : l'ouâd
Erremel, l'ouâd El-Yemm, à l'embouchure duquel se voient
encore les ruines de l'ancienne petite place forte de Ksar
es-Serir des Portugais ; l'ouâd Iliân, dénommée rivière
aux Huîtres sur les cartes marines ; l'ouâd El-Hack, qui
débouche presque à l'extrémité orientale de la plage de
Tanger, non loin des ruines byzantines dites Tandja el-Balia ;
l'ouâd El-Iehoud, qui termine à l'O. le plateau dit du
Marchân, sur le versant oriental duquel est bâtie la ville
de Tanger.

Bassin de l'océan Atlantique. 1° *Région au N. de
l'Atlas.* Le premier cours d'eau important que l'on rencontre au S. du cap Spartel est le Tahaddart, à environ
24 kil. Il se forme par la réunion de deux rivières, l'ouâd
Mhrahar et l'ouâd El-Kharroub. Le Tahaddart, dont l'embouchure est, de nos jours, ensablée, servait jadis de port
de refuge aux pirates du Maroc, qui de là allaient écu-
mer le détroit de Gibraltar. Il n'a guère que 5 kil. de
longueur ; l'ouâd Mhrahar qui, dans son cours supérieur,
porte le nom d'ouâd El-Kebir, descend des montagnes
de l'Ouâd-Ras, tandis que l'ouâd El-Kharroub vient des
montagnes plus méridionales des Beni-Der. Leurs vallées sont
fertiles dans leur partie supérieure ; mais, non loin de leur
confluent, ce ne sont que marais inondés durant l'hiver,

pendant les pluies et les hautes marées. Pendant l'été, cette région est fiévreuse. A peu de distance, au S. du Tahaddart, débouche l'ouàd El-Aïacha qui, près de la mer, porte le nom d'ouàd El-Akouas, en raison des ruines désignées ainsi par les indigènes et qui rappellent l'emplacement de la ville de Nobroch du moyen âge arabe; enfin l'ouàd d'Asilah, qui arrive tout près de la ville d'Asilah et qui est connu dans le pays sous le nom d'ouàd El-Halou. A égale distance de cette dernière ville et du petit port de Larache débouche, au pied et au N. des falaises blanches dites Hafat el-Beïda des cartes marines, l'ouàd El-Sebt qui porte différents noms sur son parcours. A Larache se jette dans l'océan un des fleuves les plus importants du Maroc ou, pour parler plus exactement, du royaume de Fez, l'ouàd El-Kouss, le *Loukkos* des anciens (V. ce mot), sur les bords duquel était l'antique comptoir phénicien de Lixus, plus tard colonie romaine sous l'empereur Claude, et qui, sous le nom arabe de Tchemmich, fut détruite. L'ouàd El-Kouss vient des montagnes des Beni-Hasan; c'est une rivière dont le volume est toujours assez considérable; ses affluents principaux sont à droite : l'ouàd Ouarour, l'ouàd El-Mekhazen (célèbre par la bataille dite des Trois-Rois) et l'ouàd Raïsana.

Au S. de la ville de Larache, à environ 35 kil., s'ouvre, le long de la plage, le petit bassin de la merdja Ez-Zerga, sorte d'étang qui communique avec la mer et où se déversent les eaux de la rivière dite ouàd Drader, et c'est directement au S. des collines qui limitent ce bassin que commence la grande et fertile plaine du Sebou où serpente majestueusement le Sebou, l'antique *Subus* des Romains, peut-être le plus grand cours d'eau de l'Afrique septentrionale après le Nil. Large de 300 m. (Tissot), le fleuve coule entre deux berges à pic, semblables à des falaises, ses eaux bourbeuses comme celles du Tibre et justifie par son aspect imposant cette épithète de *Magnificus* que Pline lui donne. La ligne des petites collines qui forment le littoral donne passage, par une véritable coupure, à l'estuaire du fleuve au bas de la petite ville à demi ruinée de Mehediyah, l'ancienne *Thymiateria*. Le Sebou subit jusqu'à une très grande distance l'influence de la marée et pouvait, avant que son embouchure fût ensablée, abriter des navires antiques dans ses vastes replis; sa profondeur moyenne est encore d'environ 3 m. Comme la Molouïa, le Sebou naît dans les cirques neigeux du Grand Atlas et probablement dans ce massif du djebel Aïachi, sur les territoires inexplorés des Beni-Meguiled, d'où sortent également la Molouïa et l'Oum-Errebia. La longueur du cours du Sebou peut être très approximativement estimée à 450 kil. Toute la partie supérieure de son tracé est entièrement inconnue, celle qui traverse le territoire des Aït-Ioussi et d'une partie des

Beni-Ouaraïn; à vrai dire, ce n'est même qu'aux environs
directs de la ville de Fez (il passe à 4 kil. de la ville
[V. le plan de Fez, t. XVII, p. 392]) qu'on en connaît
bien les affluents. Il reçoit à droite l'ouâd Innaouen,
rivière importante qui arrose une partie du pays des
Ghiyâtsa, sur la route de Fez à la frontière algérienne,
et qui reçoit lui-même l'ouâd Elleben, célèbre par la bataille qui eut lieu sur ses bords en 1558 et où les troupes
turques furent défaites par les Marocains. Presque en
entrant dans l'immense plaine où serpente son cours inférieur, plaine d'une merveilleuse fertilité, le Sebou reçoit
à droite le plus grand de ses affluents, la rivière Ouergha, véritable fleuve qui prend sa source dans le massif du
djebel Gouïn, dans le Rif méridional, avec un parcours
d'environ 200 kil.; le Sebou reçoit encore à droite le
Redat, et enfin, presque à son embouchure, un grand lac
désigné par les indigènes du nom de Ras-Eddoura, déver-
soir des eaux du petit bassin de l'ouâd Meda, communique
avec le fleuve. A gauche, le Sebou reçoit l'ouâd Guigou,
dans le territoire des Aït-Ioussi, l'ouâd Sefrou, l'ouâd Fas,
petite rivière qui doit sa célébrité à la ville de Fez (V. ce
mot) qu'elle traverse et alimente; l'ouâd Redem, dont un
des affluents, l'ouâd Bou-Fekran, passe à Mequinez, et un
aussi, l'ouâd Faraoun, sort du djebel Zerhoun, de la célèbre
zaouïa de Maulay-Edris, non loin des ruines romaines de
l'antique *Volubilis*. Il existe sur la rive gauche du Sebou
un lac ou plutôt un grand marais assez analogue à la
merdja de Ras-Eddoura, formé par les eaux de l'ouâd Beht
comme le lac de la rive droite l'est par celles de l'ouâd
Meda. Ce marais a reçu le nom de merdja des Beni-Hasan,
du nom de la tribu qui en habite les bords; comme la
merdja de Ras-Eddoura, la merdja des Beni-Hasan communique avec le Sebou. Quant à l'ouâd Beht, son cours
est presque entièrement inconnu, car il coule sur des territoires insoumis et inexplorés; il passe au pied du plateau d'Oulmess, traverse la contrée des Zaïan et semble
devoir prendre sa source dans les contreforts occidentaux
du massif du djebel Aïachi.

A peu de distance au S. de l'embouchure du fleuve Sebou,
à 30 kil. environ, se jette un autre grand fleuve, un des plus
importants du Maroc, l'ouâd Bou-Regrag (le *Sala fluvius*
de Pline), mais dont le tracé est, sans contredit, un des
moins connus. Sur chacune des rives de son embouchure,
en face l'une de l'autre, sont situées les deux villes de Rabat
et de Salé, mais coulant, dès 15 kil. en amont, entièrement en pays insoumis et inexploré, on ne sait que peu
du cours du Bou-Regrag. Il semble venir également du
même massif d'où sort l'ouâd Beht, et dans sa partie supérieure il s'appellerait ouâd Ksiksou, puis ouâd Ifran.
Son affluent le plus considérable est l'ouâd Grou qui se

jette à gauche et sort de la région des Zaïan, en arrosant ensuite la plaine où nomadisent les Beni-Zemmour. Entre l'ouâd Bou-Regrag et l'ouâd Oum-Errebia qui se jette à très peu de distance au N. de la petite ville de Mazagan, on ne rencontre que des cours d'eau très peu importants méritant plutôt l'appellation de ruisseaux ; ce sont: l'ouâd Cherrat, l'ouâd Ennefifeh, l'ouad Mellah, tous situés entre Rabat et Casablanca et gagnant chacun et directement la plage atlantique. L'Oum-Errebia (l'*Asana flumen* de Pline) est une grande rivière dont le volume d'eau est considérable ; Renou et Hooker la désignent même comme le cours d'eau le plus important du Maroc. Elle prend sa source sur le territoire des Beni-Meguiled, toujours dans ce massif montagneux qui alimente tous les fleuves du Maghreb el-Acsa. De là elle traverse les tribus des Zaïan, des Ichqern, des Qetafa, des Aït-Rouba, des Beni-Amier, des Beni-Mouça, ces derniers habitant la région dite des Tadela, puis elle coule dans les plaines fertiles et fécondes des Chaouïa et des Doukkala. L'ouâd Oum-Errebia reçoit un grand nombre d'affluents parmi lesquels on remarque, en descendant son cours, l'ouâd Derna, l'ouâd Daï, l'ouâd El-Abid, l'ouâd Teçaout qui se jettent sur sa rive gauche ; l'ouâd El-Abid égale en importance l'Oum-Errebia, et traverse une des régions les plus fermées et les plus complètement inexplorées du Maroc. De l'embouchure du Bou-Regrag à celle de l'ouâd Tensift, sur une étendue de côtes d'environ 190 kil., on ne rencontre aucun cours d'eau ; le Tensift se jette à environ 37 kil. au S. de la petite ville de Safi : c'est une rivière assez importante qui prend sa source à peu de distance et au S. de la ville de Merrakech, dans les contreforts du Grand Atlas, vraisemblablement au djebel Tideli. Son cours n'est pas très étendu ; le Tensift coule immédiatement et constamment en plaine, mais il reçoit un grand nombre de ruisseaux provenant tous de l'Atlas et tous affluents de gauche, parmi lesquels on peut citer, en descendant le cours, l'ouâd El-Baaja, l'ouâd Ennefif, l'ouâd Touallol et l'ouâd Chichachoua. Entre le Tensift et la grande chaîne de l'Atlas, il n'existe guère de rivières importantes, car ce pays est peu arrosé, surtout la région du Haha, au S. de la ville de Mogador ; aux environs de cette dernière ville, on cite cependant l'ouâd Tidsi, puis, en s'éloignant vers le S., l'ouâd ou assif Ida ou Guelloul, et enfin l'assif Aït-Amer, qui longe presque directement le flanc septentrional de la grande chaîne. C'est le dernier cours d'eau au N. de l'Atlas.

2° *Région au S. de l'Atlas*. A 12 kil. 1/2 au S. d'Agadir-Seghir, sur une plage sablonneuse et déserte, on rencontre l'embouchure de l'ouâd Sous, qui porte en son cours supérieur le nom de ouâd Tifnout, car il ne prend celui de Sous, le *Soubous* de Ptolémée, qu'à partir de son

confluent avec l'ouâd Zagmouzen, rivière presque aussi
considérable que lui et qui se jette, sur sa rive gauche, au
village de Tinmekkoul ; il y a donc lieu de diviser l'étude
du cours de cette rivière en trois parties : 1° l'ouâd Tifnout,
avant sa jonction avec l'ouâd Zagmouzen, reçoit sur sa rive
gauche un affluent très important, l'ouâd Aït-Tameldou ;
l'ouâd Tifnout s'appelle souvent, dans son cours inférieur,
ouâd Iouzoun ; il sort du flanc du Grand Atlas et reçoit
un grand nombre d'affluents, parmi lesquels sur la rive
droite on citera : l'ouâd Amoumen, l'ouâd Idikel, l'ouâd
Izgrouzen, l'ouâd Ikis ; sur la rive gauche, l'ouâd Inma-
rakht, l'ouâd Saksad, l'ouâd Nsount, l'ouâd Tizgin-Mousi ;
quant à l'ouâd Aït-Tameldou, on lui donne parfois le nom
d'ouâd Tittal et il prend sa source dans la région désertique d'Iguisel ; il a toujours beaucoup d'eau dans son
cours ; ses principaux affluents de droite sont l'ouâd Am-
zarou, l'ouâd Igemran et l'ouâd Mançour ; sur la rive
gauche, ce sont l'ouâd Achaksi et l'ouâd Aoullous ; 2° l'ouâd
Zagmouzen : on l'appelle aussi ouâd Aït-Oubial et ouâd Aït-
Otman ; il prend sa source au djebel Siroua, coule quelque
temps dans une contrée désertique, puis, en entrant dans
le territoire des Aït-Oubial, arrose de nombreux villages et
de prospères cultures ; l'ouâd Zagmouzen reçoit deux principaux affluents, l'un et l'autre sur sa rive gauche ; ce
sont l'ouâd Amaliz et l'ouâd Aït-Semmeg ; 3° l'ouâd Sous
proprement dit : la portion de la vallée de l'ouâd Sous,
depuis sa réunion avec l'ouâd Zagmouzen, se nomme Ras
el-Ouâd jusqu'à la ville de Taroudant ; l'assif N'Sous,
comme on l'appelle dans le pays, est très habité sur tout
son cours ; ses rives sont couvertes de cultures et de villages,
et il coule au milieu d'une plaine très unie, qui prend
bientôt une grande largeur augmentant sans cesse en se
rapprochant de l'océan. L'ouâd Sous a un grand nombre
d'affluents dont les principaux sont l'ouâd Tazioukt, l'ouâd
El-Amdad, l'ouâd Bou-Srioul, l'ouâd Talkjoumt et l'ouâd
Ouar, qui coule auprès de Taroudant. Tous ces cours d'eau
sont sur sa rive droite. A environ 38 kil. au S. de l'ouâd
Sous débouche l'ouâd Nasa ou Massa, le *Masati Masatat
flumen* de Polybe, l'asif Oulghass des indigènes, qui arrose
le pays de Massa et reçoit sur sa gauche comme affluent une
rivière importante, l'ouâd Tazeroualt, qui arrose le district
du même nom. Enfin, plus au S. encore et avant d'arriver à
l'ouâd Assaka ou ouâd Noun, on ne rencontre qu'une série
de cours d'eau infimes, tels que l'asif Adoudou, l'ouâd
Sidi-bou-el-Fedall, l'ouâd Aïn-Mirelleft, l'ouâd Bou-Sedrat,
l'ouâd Sidi-Ouirzeg, l'ouâd Areksis. Quant à l'ouâd Assaka,
plus connu sous le nom d'ouâd Noun, qu'il donne du
reste à toute la région qu'il arrose, il prend également sa
source dans le plateau rocheux du Tazeroualt ; il porte
dans son cours supérieur l'appellation d'ouâd Oudeni, puis

enfin d'ouàd Saïad. Ses affluents les plus nombreux et importants se trouvent tous sur la rive droite. C'est à 80 kil. au S. de l'ouàd Assaka que débouche l'ouàd Draa, le *Darat flumen* de Polybe, à très peu de distance du cap Noun des cartes marines (V. Draa). Sur la plage qui sépare l'embouchure ensablée du Draa de celle de la Saguïat el-Hamra, considérée par une partie de la diplomatie comme l'extrême limite méridionale de l'empire chérifien dans cette direction, il n'existe guère de cours d'eau qui méritent d'être mentionnés; tout au plus peut-on citer l'ouàd Chebikat dont l'embouchure est appelée Boca Grande par certaines cartes marines et traverse dans son cours moyen les terrains d'habitat de la tribu des Aroussiyn. Quant à la Saguïat el-Hamra ou la Rigole rouge, son bassin est étendu, mais d'un caractère nettement désertique; sur ses bords nomadisent aussi les Aroussiyn dont le chef habite à peu de distance de l'embouchure; dans la partie supérieure du bassin se trouvent les Reguibat.

Bassin du Sahara. Deux grands cours d'eau, l'ouàd Ziz et, plus à l'E., l'ouàd Guir, peuvent seuls être rangés dans cette division de l'hydrographie du Maroc. L'ouàd Ziz est cette rivière qui, sortant du flanc méridional du Grand Atlas dans la partie habitée par les Aït-Hadidou et après avoir arrosé et fertilisé les oasis du Ghers, du Tialalin, de Ksar es-Souk, du Medaghara, d'Erretcb et enfin du plus fameux, celui du Tafilalet, va se perdre dans le sable du désert, sans que la science possède encore aucune donnée sur la direction que suivrait son cours souterrain. Néanmoins, il est à croire que la nappe souterraine du Ziz va peut-être rejoindre celle de l'ouàd Messaoura. Par suite de la configuration orographique de la région, l'ouàd Ziz ne reçoit d'affluents que sur sa droite; ils sont alimentés par les eaux des cirques neigeux de l'Atlas. Les plus considérables, dont quelques-uns donnent leur nom à des oasis, sont l'ouàd Amdghous, l'ouàd Ghers (qu'il ne faut pas confondre avec la rivière tout indépendante du Guir) et enfin l'ouàd Todgha. Quant à l'ouàd Guir, l'ensemble de son bassin est plus considérable, et la partie inférieure de son cours nous est plus connue depuis l'expédition en 1870 du général de Wimpfen. Il semble prendre sa source dans l'Atlas, dans l'E. du Tizi n'Telremt, dans le massif habité par les Aït-Aïach; sauf les régions du N. qui appartiennent aux Berâbers, tout le restant de son cours et surtout la rive gauche est aux Doui-Menia. A l'O., sa vallée est bornée par le plateau désert et pierreux qui la sépare du Ziz; dans l'E., la petite crète allongée du djebel Bechar forme la séparation avec l'ouàd Zousfana jusqu'aux environs et au N. du petit ksar d'Igli, point où le Guir et le Zousfana se réunissent pour former l'ouàd Messaoura qui, appartenant déjà au régime des eaux du Gourara et du

Touat, ne saurait être rangé parmi les cours d'eau du
Maroc. L'ouâd Guir reçoit à droite l'ouâd El-Meridja,
l'ouâd Oul-Issen, l'ouâd El-Djilani, l'ouâd Zeguilma, l'ouâd
Sekhouna, l'ouâd Bou-Attala et l'ouâd El-Debân ; sur sa
gauche, c.-à-d. provenant de l'E., il reçoit des cours
d'eau infiniment plus importants ; ce sont d'abord, en commençant par le N., l'ouâd Ben-Ghiada, qui vient du territoire des *Beni-Guil*, puis l'ouâd *Safsaf*, *alimenté par la
source d'Aïn-Chaïr et que rejoint l'ouâd Talgara* ; puis
l'ouâd Gherasa, qui forme, en atteignant l'ouâd Guir, de
véritables marais appelés dans la région El-Bchariat (ce
fut là à ce point précis, Oum-Dribina, qu'en avr. 1870 la
colonne Wimpfen livra un sanglant combat); ensuite l'ouâd
Zousfana, qui prend ses sources à Figuig et aux environs
de Djenien-bou-Rezg et qui, par ses points d'origine autant
que par sa direction vers l'ouâd Messaoura, appartient au
système du Touat, par conséquent à l'Algérie.

Climat. — Par sa situation dans l'angle N.-O. du
continent africain, le Maroc est en grande partie situé dans
la zone d'influence des vents alizés ; on peut toutefois y
distinguer plusieurs variétés de climats que nous examinerons successivement et qui correspondent aussi bien au relief du sol qu'à la disposition et à l'orientation des chaînes
de montagnes.

1° *Régions soumises plus ou moins directement à
l'action des vents de l'Atlantique et au N. de la grande
chaîne de l'Atlas.* Ces régions s'étendent depuis Mogador
jusques et un peu au N. du fleuve Sebou ; dans l'intérieur
elles atteignent le méridien de Merrakech, mais suivent une
courbe qui indique la ligne des montagnes. Sur la côte,
c'est le type du climat constant ; à *Mogador* (V. ce mot)
notamment, il est peu d'endroits sur la terre où la température moyenne soit plus égale. Dans l'intérieur, l'élévation des terres tend à modifier cette variété de climat. Aussi
à *Merrakech* (V. ce mot) ou Maroc, l'état hygrométrique
de l'air est plus faible que sur la côte ; l'atmosphère y
est très sèche, mais, par contre, l'écart entre les diverses
températures est beaucoup plus grand : c'est presque la
température des plateaux. Voisines de la côte, on rencontre les régions du pays de Haha, les Doukkala, Chaouïa
et Abda, tous territoires renommés pour leur fertilité,
et aussi la grande plaine du Sebou. Dans l'intérieur, le
climat, en ces parages et en approchant des Beni-Meskin,
commence à revêtir le caractère de celui des hauts plateaux;
quant aux contreforts de l'Atlas et aux plateaux de la province de Metouga, c'est la température rude des hauts plateaux algériens. En général, le long de la côte, au N. de
l'Atlas, les vents soufflent du N.-E. pendant neuf mois, de
mars à décembre. Ils sont variables pendant les trois

autres et le plus souvent tempétueux. Les brises du N.-E.
sont fraîches; leur force est régulière, le ciel clair et on ne
voit pas un seul nuage. A Mogador, en une année, la température la plus basse a été de + 10° et la plus haute de
+ 31°. A Merrakech, la température descend parfois en
hiver à 3 ou 4° au-dessous de zéro, et le thermomètre monte
en été jusqu'à 42° à l'ombre.

2° *Régions de l'extrême Nord de la Tingitane soumises à l'influence des vents d'Ouest, mais recevant
aussi les vents du Nord et sous l'action des courants
aériens qui s'établissent dans le détroit de Gibraltar.*
On peut y ranger le territoire s'étendant depuis les environs méridionaux de la ville de Larache jusqu'à Tanger,
sur la côte et dans l'intérieur, les régions qui se trouvent à
l'O. de la chaîne et des prolongements des Beni-Hasan.
C'est un climat fort humide; la caractéristique est une
grande abondance de pluie, surtout au printemps; durant
certaines années, les pluies commencent fin décembre ou
même avant et sauf une interruption en janvier se continuent jusqu'à fin mai. En général, il tombe de premières
pluies fin octobre, et elles ne reprennent plus abondantes
que vers le printemps. L'air est à toute époque chargé
d'humidité. Les vents d'E. eux-mêmes sont humides, car
la péninsule qui forme le N. de la Tingitane est en somme
baignée de tous côtés sauf au S. par les mers. Sur la
bande de terrains qui s'étend de Tétouan à Ceuta et où les
montagnes de l'Ouâd-Ras aussi bien que la chaîne de l'Andjera forment comme un écran qui arrête les nuées poussées
par les vents de l'O., il pleut surtout par les vents d'E.
Dans le détroit de Gibraltar on peut généralement classer
les vents en deux séries, ceux de l'O. et ceux de l'E. Les
vents soufflant des autres directions s'infléchissent aux
extrémités du passage pour suivre le gisement des côtes
qui le forment ainsi que cela arrive presque toujours dans
les canaux étroits et limités par de hautes terres. A Tanger
la proportion des vents d'O. semble plus grande qu'à Gibraltar; toutefois, les vents d'E. y sont prédominants en
juillet, août, septembre, janvier et mars. C'est durant février, mars et fin octobre et en novembre, que s'établissent
les plus mauvais temps. En janvier, février, mars, on a
souvent des coups de vent du S.-O. ou du S.-E. Ces coups
de vent parfois très violents et accompagnés de grandes pluies
ne sont pas ordinairement de longue durée; cependant
en février et en mars ils se succèdent à de courts inter-
valles. En somme, le N. du Maroc a un climat humide, ven-
teux et assez changeant; à Tanger, la température n'est
jamais élevée en été; l'atmosphère est sans cesse rafraîchie
par les courants aériens; le thermomètre ne dépasse guère
30° au plus fort de l'été; l'hiver il descend rarement à 1°.
Quant au climat de l'intérieur de la Tingitane, vers Fez

et Mequinez, il participe des deux climats de la côte et du N. du Maroc. Moins humide que celui de Tanger, il est par contre moins égal que celui de la côte. Il va sans dire que les températures deviennent de plus en plus rudes à mesure que l'on s'avance dans les hautes régions montagneuses qui font partie de l'Atlas. Aussi le plateau d'Oulmes, le territoire des Beni-Ouaraïn, des Aït-Ioussi, des Beni-Meguiled ont un climat très froid en hiver, et même plus au S. dans les contreforts de l'Atlas. Dans la région des Ida ou-Mahmoud, M. de La Martinière a noté en hiver des températures de —11°. Le Rif, exposé presque uniquement aux vents du N., est réputé pour son climat froid et humide. A la région du Dahra qui prolonge au Maroc les hauts plateaux de la province d'Oran, on y retrouve les mêmes températures. Au S. de la grande chaîne de l'Atlas le climat se ressent du voisinage saharien ; le Sous est déjà plus chaud, plus sec, quoique encore relativement tempéré ; mais, sur le versant S. du Petit Atlas, le climat revêt le caractère de celui de la région désertique qui commence. Sur toute la côte marocaine du Sahara, il règne le plus souvent avec un beau temps des vents du N.-N.-E., et accidentellement les vents de S.-O. et de N.-O. donnent alors des grains violents et parfois de véritables tempêtes. La mauvaise saison dure sur cette partie de la côte, comme aussi sur celle qui s'étend au N. de l'Atlas, d'octobre en avril, et on rencontre sur la côte du Sahara notamment une brume très épaisse. Grâce à la température relativement basse de la mer (20° en moyenne au rio de Oro, 17° au cap Juby), le climat est très tempéré sur cette partie de la côte. La moyenne de l'été au rio de Oro ne semble pas dépasser 20° et au cap Juby donne également 18 à 19° pour l'année entière. Dans l'intérieur de cette partie du Sahara il tombe quelques pluies vers octobre.

Résumé. En somme, le Maroc est beaucoup mieux partagé que le restant de la Berbérie pour les pluies. Le N. de la Tingitane, toute la partie du royaume du Maroc qui avoisine l'Atlantique, reçoivent en général chaque année d'abondantes ondées. Il en est de même de tout le massif montagneux qui est au N. de l'Atlas. Seul le Dahra et les contrées de l'extrême S. participent au régime climatérique des hauts plateaux algériens et du Sahara. Sauf quelques points restreints le long des contrées marécageuses de certains fleuves, le climat du Maroc est très sain ; les maladies épidémiques y sont rares. Dans les villes, ce sont les affections rhumatismales, les maladies de la peau qui s'y rencontrent le plus fréquemment et la fièvre typhoïde. La petite vérole y fait parfois, surtout parmi les enfants, de grands ravages, aucune mesure prophylactique n'étant prise, comme étant contraire à l'esprit du Coran maghrébin. La syphilis par les mêmes causes y est répandue, et les accidents qu'elle y revêt sont fort graves. Il existe des léproseries à Merrakech et dans certaines villes de l'intérieur.

Flore. — La flore du Maroc est peu connue ; l'exploration botanique de ce pays a cependant été commencée par Hooker et Ball et aussi par Balansa et Colson. Ce qu'elle a révélé montre qu'un peu plus du dixième des espèces végétales du Maroc ne se voient que dans cette contrée, et le massif de l'Atlas, à peine effleuré ou entrevu par les voyageurs botanistes qui y sont venus, témoigne d'une extrême richesse dans ces espèces indigènes. Non seulement sur le versant méridional de l'Anti-Atlas, mais aussi dans la vallée du Sous et dans la région du littoral jusqu'à l'ouâd Tensift se rencontrent maintes formes végétales provenant d'un centre de dispersion situé beaucoup plus au S. dans la zone torride. Tels sont les Acacias gommifères et diverses grandes Euphorbes. Le Dattier peut être aussi rangé parmi les espèces tropicales dépaysées en dehors du versant méridional de l'Atlas. Il croît à Tanger, sur les côtes septentrionales du Maroc, comme en Algérie, mais il ne porte pas de fruits ; même à Merrakech il ne donne que des dattes médiocres et bonnes pour les bestiaux. Par contre, dans les contrées au S. de la chaîne, au Tafilalet et dans l'ouâd Draa, les dattes sont réputées et à juste titre. Une des espèces indigènes les plus remarquables du Maroc est l'Arganier (*Argania sideroxylon*), qui ne se rencontre que dans la partie méridionale de la contrée au S. de l'ouâd Tensift. Il croît dans les régions rocheuses et particulièrement sèches. Son bois est fort dur et noueux ; il produit des baies dont la pulpe est mangée par les chèvres et dont le noyau fournit une huile estimée. Sa croissance est fort lente. Les céréales du Maroc sont fort belles ; les Blés durs de la plaine du Sebou, des pays de Doukkala, de Chaouïa sont très beaux, ainsi que les Orges. Les Oliviers du Zerhoun, ceux de l'Atlas, du Sous, sont réputés ; il en est de même des Orangers de Tétouan et surtout ceux de Larache, pays du légendaire jardin des Hespérides. Dans certaines parties du Rif, aussi bien et surtout que sur les hauts plateaux et le long des contreforts de la chaîne du Grand Atlas, on rencontre l'*Arar*, dont la structure générale rappelle celle du pin d'Italie, mais dont le tronc, le feuillage et le fruit ressemblent à ceux du Cyprès. Les arbres, d'*une essence inconnue*, qu'avait vus Suetonius Paulinus dans son expédition et que Pline a décrits d'après lui, étaient sans nul doute des Arar. L'odeur très pénétrante de l'Arar est plus agréable que celle du Cyprès ; son bois est incorruptible ; on voit dans les ruines de Chela des traverses d'Arar qui datent de six siècles et n'ont nullement souffert. La surface du bois a pris seulement la teinte gris clair brillant qu'offre également le tronc de l'arbre et que peint le mot

nitor employé par Pline. Nos dictionnaires identifient à
tort l'Arar au Genévrier ou au Thuya ; l'Arar n'est certainement ni l'une ni l'autre de ces deux essences (Tissot).
Le Sebt, le Drin et le Geddim sont beaucoup moins répandus au Maroc que n'est le dernier en Algérie. Il y a du
Sebt en quelques places sablonneuses de la région comprise
entre le Bani et le Draa, et une certaine quantité d'Alfa sur
les plateaux qui couronnent au N. le Grand Atlas, dans la
région d'Imtouga et dans la portion centrale du Petit Atlas.
Le Geddim se rencontre sur les pentes inférieures du Grand
Atlas et sur la rive droite de la Molouïa, au-dessous du
Ksabi ech-Cheurfa et dans les vastes solitudes du Rekkam.
Le Dahra, région désertique qui n'est que le commencement des hauts plateaux oranais, présente de longs steppes
d'Alfa. On rencontre dans les oasis du Sahara marocain
un arbre, le Taqqaoiout, dont les fruits servent à préparer
le tannage des peaux de chèvre, renommées sous le nom
de maroquin.

Faune. — A peu de choses près, la faune du Maroc
est la même que celle de l'Algérie et de la Tunisie ; c'est
du moins ce que les études un peu superficielles que l'on
en a entreprises ont permis jusqu'à présent d'établir, les
voyageurs naturalistes qui y sont venus étant peu nombreux ou n'ayant guère pu s'écarter des régions battues et
connues. A ce point de vue comme aux autres, du reste,
tout le massif de l'Atlas est inexploré. Le Lion y existe toutefois encore et en assez grand nombre, notamment chez
les Beni-Ouaraïn, les Aït-Ioussi, les Beni-Meguiled et dans
la haute vallée de l'ouâd El-Abid où la Panthère abonde,
ainsi que chez les Zaïane et les Zaere des environs de
Rabat. On croit de même que l'Ours n'a pas encore totale-
ment disparu des hautes montagnes et qu'il y existe encore,
comme il existait en Algérie avant la conquête. L'Hyène
et le Chacal sont communs, le Sanglier également. La Ga-
zelle dans le Dahra, dans le Tadela, s'y rencontre, mais en
moins grande quantité que dans le S. algérien, l'Antilope
aussi. L'Autruche n'existe plus que dans les régions désertiques qui font suite à l'ouâd Draa. Quant au gibier d'eau, il
est fort abondant dans tous les étangs qui bordent le littoral
atlantique vers la plaine du Sebou ainsi que dans tous les
cours d'eau du Maroc ; la Perdrix rouge et la Caille, la
Bécasse et tout le gibier algérien également. Quant au La-
pin, il ne paraît pas dépasser l'ouâd Bou-Regrag, au S. duquel il ne se rencontrerait plus. Le N. du Maroc nourrit
une très grande quantité de Sangsues dans tous les marais
de la Tingitane. L'exploration scientifique de l'océan sur
les côtes du Maroc a révélé, lors de la campagne du *Ta-
lisman*, une infinité de variétés nouvelles dans la faune
des abords de cette partie de la mer.

Voyages au Maroc. — Principales explorations et
contributions à l'étude géographique du pays. — Les
voyages sont très difficiles au Maroc, au point que nul
pays, même le plus fermé et le plus fanatique, ne peut,
sous ce rapport, lui être comparé; il n'a jamais été parcouru entièrement. Les cinq sixièmes du Maroc sont entièrement fermés aux chrétiens; ils ne peuvent y entrer
que par la ruse et au péril de leur vie. Cette intolérance
extrême n'est pas uniquement provoquée par le fanatisme
religieux; elle a sa source dans la crainte de voir le pays
parcouru par des émissaires préparant ainsi la conquête
future. On redoute le conquérant autant que l'on hait le
chrétien; aussi les deux tiers de la région marocaine de-
meurent-ils inexplorés. Pendant longtemps on ne connut
en Europe le Maroc que par la description faite par un
géographe arabe, né à Grenade, élevé à Fez, et qui, pris
par des corsaires chrétiens, fut emmené à Rome où il se
convertit sous le nom de Jean Léon, dit l'Africain. Il écrivit,
vers 1518, une description de l'Afrique, ouvrage qui souvent fut recopié, par Marmol notamment. Ensuite les
voyages des différents membres d'associations religieuses
pour le rachat des esclaves chrétiens détenus par les sultans aidèrent à mieux connaître la région du N. marocain
et certaines parties du royaume de Merrakech. Il convient
de citer à ce sujet les récits des Pères de la Merci, puis les
relations d'esclaves échappés ou rachetés parmi lesquels
les plus remarquables sont celles du sieur Mouette vers
1670 et du sieur de La Martinière, chirurgien à bord d'un
vaisseau vers 1674. En 1666, un Français, Roland Fréjus,
mandataire d'une compagnie commerciale de Marseille,
s'était rendu d'Alhucemas à Taza, traversant ainsi le Rif
dans sa hauteur, voyage qui n'a plus été effectué depuis
cette époque lointaine; enfin les récits d'ambassades, tels
ceux des missions du baron de Saint-Amand en 1683, et
de Pidou de Saint-Olon, en 1694, envoyés du roi de
France, et de Windus, ambassadeur d'Angleterre, en 1725,
résumèrent à la fin du XVIII° siècle, avec le bel ouvrage
de Louis Sauveur de Chénier (1785), consul général de
France au Maroc, puis avec le récit du chirurgien anglais Lemprière, la plus grande somme des connaissances
que l'on possédait alors sur l'empire chérifien. Dans les
premières années de ce siècle, vers 1803, l'Espagnol
Domingo Badia y Leblich voyagea dans les royaumes de
Fez et de Maroc. Il séjourna à la cour, à Fez, à Mequinez, à Merrakech, se rendit à Oudjda, puis revint à Larache
d'où il s'embarqua pour terminer son voyage vers les autres
États barbaresques. Ce personnage, d'origine quelque peu
mystérieuse, professait la foi musulmane; il fut traité avec
une grande munificence par la cour chérifienne, et laissa
un ouvrage intéressant qui, à certains égards, donne une

excellente description du pays, des mœurs et coutumes des
habitants et en particulier sur la ville de Fez. En 1825,
A. de Caraman, lieutenant au corps d'état-major, qui
accompagnait le consul de France, Sourdeau, dans un
voyage de Tanger à Fez, leva un excellent itinéraire de la
région parcourue ; en 1828, l'illustre René Caillé rentrant
de Tombouctou traversait le Maroc du Tafilalet à Tanger,
et, en 1829, une ambassade anglaise s'étant rendue à Merrakech, l'officier de la marine britannique qui l'accompagnait
fit de même une excellente description de la route suivie et de
la portion de la chaîne de l'Atlas visible de la ville de Merrakech. En 1846, Emilien Renou donna une description géographique de l'empire du Maroc, consciencieux ouvrage de

Fig. 1. — Monument mégalithique de Lixus (d'après une photographie de M. de La Martinière).

compilation qui est une merveille de ce genre ; on y utilisa
notamment les renseignements nombreux recueillis par le
capitaine Baudouin, auteur d'une carte du Maroc. Le long
séjour que fit dans ce pays un diplomate éminent, sir John
Drummont Hay, lui permit de publier en Angleterre d'in-
téressants récits ; mais ce fut après la guerre de Tétouan,
après l'expédition espagnole de 1859-60, que les voyages
au Maroc devinrent plus fréquents en embrassant une aire
plus étendue. Nous en citerons les principaux par ordre
chronologique. Gerard Rohlfs parcourut d'abord la plus
grande partie du Maroc septentrional, grâce à la protection
du chérif d'Ouazzan ; il se rendit ensuite au S. de l'Atlas,
puis dans un autre voyage traversa le massif inexploré des

Beni-Meguiled, atteignit le Tafilalet, gagna les oasis de l'extrême S. algérien, c.-à-d. le Touat et le Tidikelt. Ce fut peu de temps après que le lieutenant-colonel Dastugue publiait une savante monographie des oasis de l'ouâd Ziz établie par une série de renseignements obtenus du S. oranais. En 1868, le botaniste français Balansa se rendait de Mogador à Merrakech, mais échouait à Imintanout dans sa tentative d'exploration de la chaîne de l'Atlas; l'année suivante, Joachim Gatell parcourait le Sous et en laissait une description succincte, mais fort précieuse. Durant cette même période, M. Beaumier, consul de France à Mogador, recueillait d'amples informations et établissait un itinéraire de Mogador à Merrakech, et de Mogador à Tanger, le long de la côte atlantique. C'est lui qui mit en lumière le rabbin Mardochée dont le voyage à Tombouctou fut remarqué et qui plus tard devait servir de guide à M. de Foucauld. En 1870, l'expédition du général de Wimpfen à l'ouâd Guir permit de tracer un excellent itinéraire de la province d'Oran jusqu'à ces régions peu connues. De 1870 à 1876, M. Tissot, ministre de France à Tanger, devait, par une série de recherches désormais mémorables sur la géographie comparée de la Maurétanie Tingitane, dresser une carte de la partie septentrionale du royaume de Fez qui est encore de nos jours le meilleur document qui existe de cette région du Maroc. En 1871, les savants anglais Hooker et Ball accomplissaient un beau voyage; après avoir visité l'extrême N. du Maroc, ils se rendaient à Merrakech et, grâce à l'action diplomatique toute-puissante alorsde l'Angleterre à la cour chérifienne, réussissaient à pénétrer dans certaines parties des contreforts septentrionaux de l'Atlas. Il convient de citer, en 1878, les observations astronomiques effectuées entre Tanger et Fez par MM. Desportes et François, officiers de la marine française, puis le récit pittoresque de l'écrivain italien de Amicis. Le voyageur autrichien Oscar Lenz, dans sa route vers Tombouctou, traversa entièrement le Maroc de l'extrême N. à l'extrême S. En 1880, le capitaine Colville, de l'armée britannique, accomplit le voyage de Fez à Oudjda, route périlleuse que n'avait parcourue aucun Européen depuis Ali Bey. L'année suivante, le capitaine Trotter, de la même armée, accompagnait le ministre d'Angleterre dans une mission à Fez et publiait une intéressante narration. En 1881, un Français, M. de Chavagnac, renouvelait l'exploration du capitaine Colville et, en 1883, M. de Foucauld, le plus important sans conteste des voyageurs européens au Maroc, commença son grand voyage qui devait durer près d'un an. Avant lui, les cartographes avaient à leur disposition 12,208 kil. d'itinéraires jalonnés de bien rares déterminations astronomiques. Ajoutons que la France ne s'était laissé distancer par personne et que des vingt et un auteurs d'itinéraires au Maroc,

susceptibles d'être à cette époque utilisés pour la confec-
tion des cartes, seize étaient des Français, et que, sur le
nombre des kilomètres levés, 9,232 l'avaient été tant par
nos compatriotes que par deux étrangers patronnés et sub-
ventionnés par le gouvernement français (Ali Bey) ou par
la Société de géographie (le rabbin Mardochée). Durant son
voyage, M. de Foucauld a doublé pour le moins la longueur

Fig. 2. — Portion de remparts à Lixus (appareil cyclopéen)
(d'après une photographie de M. de La Martinière).

des itinéraires déjà levés au Maroc; il a repris en les per-
fectionnant 689 kil. des travaux de ses devanciers en y
ajoutant 2,250 kil. nouveaux. Après le courage et l'hé-
roïsme de ce voyageur, sa science géographique et ses des-
criptions géographiques si remarquables, il convient surtout et presque avant tout d'admirer la série si riche et
inépuisable des renseignements statistiques qu'il nous donne
et qu'il n'a pu se procurer qu'au prix d'une patience inouïe.
Comme contribution précieuse à l'étude du Maroc, il convient aussi d'ajouter l'ouvrage du capitaine Erkmann,

ancien chef de la mission militaire française détachée auprès
du sultan et qui, à ce titre, parcourut certaines parties
inexplorées du pays. Enfin, les voyages du lieutenant Que-
denfelt, de l'armée allemande ; en 1886, celui de Douls dans
le Noun, le Draa et le Sous en 1888; celui de Thomson
dans une partie de l'Atlas en 1889; puis les recherches
archéologiques et de géographie comparée entreprises de
1884 à 1891 par de La Martinière pour s'efforcer de compléter les travaux de Tissot, et en dernier lieu le coura-
geux voyage au Tafilalet de l'Anglais Harris en 1894
permettent de clore la liste des principales explorations au
Maroc. Quant à l'hydrographie marine et à la description
nautique des côtes du Maroc, elles sont dues pour le rivage
méditerranéen aux travaux de l'amirauté française, principalement en 1855, sous la direction de Vincendon-Dumoulin,
et sur la côte atlantique, ce sont les levers du lieutenant
Arlett de la marine britannique qui ont permis d'établir les
cartes.

L'Etat marocain. — Le gouvernement du Maroc repose
sur une autocratie absolue. Par sa qualité de chérif ou descendant du prophète, le sultan gouverne comme chef religieux, et, en temps que chef actuel de la dynastie Hasani
ou Filali, il est le souverain temporel. La volonté de ce
monarque n'est guère limitée que par le Coran ou encore
par l'interprétation de certains commentateurs de ce livre
sacré, tel que Sidi-el-Boukhari, fort en honneur au Maroc.
L'autorité gouvernementale est purement nominale sur les
deux tiers des tribus qui composent l'empire marocain. La
plupart des populations s'inclinent, il est vrai, devant le
prestige religieux du sultan, mais politiquement beaucoup
d'entre elles, et ce sont les plus vaillantes et que favorisent
les territoires montagneux qu'elles habitent, n'acceptent
point les agents nommés par la cour chérifienne, ou, si
elles les tolèrent, c'est comme fonctionnaires fainéants sans
l'ombre même d'autorité ; elles ne payent point d'impôts;
tout au plus envoient-elles au sultan non comme une rede-
vance, mais comme un don pieux fait au successeur de Mohammed, une somme dont elles fixent à leur gré le montant
et qu'on ne saurait mieux comparer qu'à une sorte de de-
nier de Saint-Pierre. Quant aux populations soumises, celles
dont les territoires sont aisément accessibles aux troupes
et aux collecteurs d'impôts du sultan, elles doivent au su-
zerain des secours pécuniaires et militaires qu'elles lui
fournissent à l'occasion ; mais d'ailleurs elles s'administrent
un peu à leur gré, sous la direction de leurs caïds qui ne
reçoivent du sultan qu'une investiture honorifique. Bref, ce
dernier n'est maître absolu que dans son domaine propre,
c.-à-d. dans les grandes villes et autour d'elles, un peu à
la manière du roi de France au moyen âge qui n'était que

le premier et le plus fort des seigneurs de la contrée (Gabriel Charmes). Mais cette aire d'influence est singulièrement mobile; ses dimensions en sont variables; sous tel règne, telle tribu est soumise qui ne l'est plus à une autre époque ou sous un autre souverain. Rien n'est donc plus difficile à fixer que l'étendue de l'autorité chérifienne au Maroc. Les Marocains n'ont pas l'air de se douter qu'ils

Fig. 3. — Ruines de l'arc de triomphe de Volubilis (d'après une photographie de M. de La Martinière).

appartiennent à un empire du Maroc : l'idée de patrie leur semble faire défaut; le seul lien qui les unisse est le Coran (Erkmann). D'autre part, il existe dans tout ce pays une série de personnages puissants, véritables seigneurs de notre moyen âge. Les uns tiennent l'influence considérable qu'ils possèdent de leur origine religieuse : tels sont le chérif, chef de la famille d'Ouazzan, dans le N. du Maroc; le chérif, chef de la famille des Ben-Nasser, dans le Sous ; le chérif, chef des Derkaoua du Medaghara, près du Tafilalet ; le chérif, chef de la famille des Amrâni, dans le centre du pays, chez les Beni-Meguiled ; d'autres ne doivent leur pouvoir qu'à leur situation personnelle ou à leur réputation de vaillance : tels les marabouts de la famille Ben-Daoud dans le Tadela, ou le caïd Mohammed ou-Hamou de la tribu des Zaïan, et les enfants d'Ali-ben-Yahia chez les Aït-Iafelman. Le sultan a grand soin de rechercher l'amitié de ces redoutables maisons qui, de leurs territoires où elles règnent sans conteste, pourraient précipiter des torrents d'envahisseurs sur les pays qui reconnaissent l'autorité impériale. Plusieurs de ces familles sont si puissantes que leur haine renverserait le trône, tandis que leur bon vouloir le soutient (de Foucauld). Aussi n'est-il pas d'avances que le gouvernement ne leur fasse, et les sultans leur offrent même des alliances dans leurs familles. Quelquefois, ne pouvant les attirer ou les dominer, la cour marocaine les oppose les unes aux autres afin de les énerver, les neutraliser ou les diminuer. C'est en cela que se réduit presque toute la politique intérieure, maniée du reste avec un art infini et une connaissance profonde de ces milieux très complexes. Par suite de la désunion qui règne parmi toutes les tribus marocaines, populations berbères dont l'extrême division a toujours été comme le caractère propre, grâce aux discordes, aux rivalités savamment entretenues, encouragées, exploitées, les rancunes sont telles que rien, même l'intérêt commun, n'unit ces différents groupes. Seule la voix d'un chérif ou d'un saint marabout respecté de tous pourrait produire momentanément cette cohésion presque miraculeuse ; elle faillit se réaliser vers 1888, alors que le chérif Si Mohammed-ben-el-Arbi-el-Derkaoui vivait encore au Medaghara. La campagne de Maulay-el-Hasan chez les Beni-Meguiled et plus encore la mort du Derkaoui ont calmé les appréhensions. On voit donc à quoi se réduit l'organisation politique de la cour marocaine, dont l'action consiste à exécuter les ordres du sultan ou de ceux qui l'inspirent, tels les ulémas de Fez ou certains autres milieux influents. Quant à l'expédition matérielle des affaires, c'est au palais même ou au camp qu'elle a lieu. On sait en effet que la cour marocaine essentiellement mobile se transportait presque chaque année, du vivant de Maulay-el-Hasan, d'une ville à l'autre, de Merrakech à Rabat, de Rabat à Fez en passant par Mequinez. Les moindres ordres ou lettres du gouvernement sont toujours au nom du sultan. Cette forme gouvernementale, essentiellement personnelle, a les pires désavantages pour la bonne administration du pays, mais elle est excellente pour résister aux tentatives de pénétration qu'y fait l'influence européenne. A maintenir le *statu quo* étroit se résume la politique extérieure du sultan qui sur ce terrain exploite avec une science parfaite les jalousies rivales des puissances ou l'inexpérience de leurs représentants.

Les membres de la famille impériale employés aux affaires de l'empire, les fekih ou secrétaires qui sont délégués en tant que secrétaires d'Etat chacun à l'expédition des questions d'un même genre (sortes de ministères), les thalebs ou secrétaires de ces derniers, l'immense personnel des palais et aussi du campement, forment un ensemble de fonctionnaires et d'officieux qui constitue le Makhzen. Il y a le commandant du conseil, caïd el-mechouar, qui est en réalité le ministre de la maison de l'empereur, puis le ministre par excellence ou grand jurisconsulte ou secrétaire, fekih el-kebir, que l'on assimile un peu à un grand vizir, bien que cette appellation parfois usitée en parole ne soit jamais employée officiellement; le fekih chargé des étrangers et des rapports avec les légations, véritable ministre des affaires étrangères, qui se partage la besogne avec un fonctionnaire que le sultan entretient à Tanger à poste fixe auprès des représentants étrangers; viennent ensuite le fekih seghir ou le petit jurisconsulte, chargé du ministère de la guerre et des choses de l'armée en général, puis l'intendant des intendants, l'amin el-oumâna, qui, avec le chef des payeurs, forme le ministère des finances et l'administration des domaines; le ministre des plaintes, c.-à-d. de la justice, et enfin le chambellan de Sa Majesté; tout ce personnel, accompagné de ses employés, ne quitte jamais le sultan et l'accompagne dans ses expéditions, sauf l'amin el-oumâna qui demeure à Fez. Aussi à cette cour, qui est par essence si nomade, existe-t-il un véritable ministère du campement ou caïd el-faraidji, dont les attributions sont considérables. On remarquera que nombre de ces fonctionnaires portent un titre qui n'est autre chose qu'un grade juridique et religieux, car chez les Marocains, comme jadis dans le royaume d'Israël, le droit est une émanation de la religion.

Population. Races. — On évalue aux trois quarts au moins la proportion des Berbères dans la population du Maroc, et loin des villes et du littoral, dans le massif montagneux, ils peuplent presque exclusivement le pays (au point de vue des origines ethniques, V. TINGITANE et aussi l'art. BERBÈRE). Les expressions de Kebaïl dont nous avons fait Kabyles, Chelleuhs, Haratin; Berábers dont nous avons fait Berbères, sont autant de mots employés par les Arabes pour désigner une race unique, dont le nom national, le seul que se donnent ses membres, est celui d'Amazigh (féminin Tamazigh, pluriel Imaziren). Au Maroc, les Arabes appellent Kebaïl les Imaziren du N. du royaume de Fez; ils donnent le nom de Chelleuhs à tous les Imaziren blancs qui résident au S. de Fez; ceux du bassin de la Méditerranée

sont rangés dans la première de ces catégories ; ceux du bassin
de l'Atlantique dans la seconde. Presque tous les Berbères
du Maroc habitent des maisons en pierre, dont la réunion
en village est appelée dechar. Dans quelques parties comme
dans les régions situées sur le flanc septentrional du Grand
Atlas, dans la province de Haha ou dans celle de Metouga,
les maisons sont remarquablement bâties, solides et soi-
gnées, mais ailleurs et en général ce sont plus souvent des
masures. Certaines tribus berbères vivent sous la tente ;
telles sont, au N. de l'Atlas, les Guerouan, les Zemmour, etc., et au S., celles qui nomadisent dans le Bani.
Quant à la population arabe, infiniment moins nombreuse
(la plupart des auteurs l'estiment à environ 1 million), elle
est cantonnée dans la tête du bassin de l'Atlantique et aussi

Fig. 4. — Ruines d'un pont romain, aux environs de Tanger (d'après une photographie de
M. de La Martinière).

dans la vallée de la Molouïa ; dans le système de l'ouâd
Ziz, dans les oasis du Tafilalet, elle tend à diminuer d'année en année, absorbée par le mouvement si prononcé
d'envahissement de la race berbère. Les Arabes du Maroc,
en général assez mélangés, vivent ainsi que ceux d'Algérie
dans des tentes groupées, dont l'ensemble porte le même nom
de douar. Dans les villes vivent les Maures. L'origine de ces
derniers est complexe ; descendant en grande partie de ceux
qui furent expulsés d'Espagne, ils sont également le produit
de mariages d'Arabes et de Berbères et aussi de juifs ou de
juives converties. Les renégats chrétiens, jadis assez nombreux au Maroc, entrent pour une certaine proportion.
C'est une population en général élégante, fine, intelligente,
mais indolente et dépravée. Parmi eux se recrutent nombre
de hauts fonctionnaires du Makhzen, les grands négociants

de Fez et des autres villes dont ils forment, comme à Rabat, à Tetouan, presque toute la population. Après eux viennent les juifs, assez nombreux au Maroc, bien qu'ils y vivent, surtout dans certaines villes de l'intérieur, dans un état d'abjection difficile à décrire. Cantonnés en des quartiers spéciaux, maudits, ils sont sujets à de très mauvais traitements, mais réussissent en servant d'intermédiaires méprisés à faire leurs affaires. Dans les villes de la côte, protégés par la présence des négociants européens, ils sont mieux traités. Les juifs des ports parlent presque tous l'espagnol et prétendent descendre des israélites expulsés d'Espagne au moyen âge. Ceux de l'intérieur ne parlent que l'arabe; ils sont fanatiques et au fond de leur cœur détestent les chrétiens. D'après la plupart des auteurs, le nombre des juifs au Maroc atteindrait 100,000 âmes. Les nègres sont plus nombreux au Maroc qu'en Algérie; les dernières expéditions de Maulay-Ismaïl en ont amené beaucoup; le sang noir est très commun, et par les unions s'est infiltré presque partout. Les caravanes d'esclaves tendent à devenir de plus en plus rares depuis l'occupation française du Soudan. L'esclavage est cependant très commun dans le pays. Dans les villes, on achète les esclaves à la criée dans un marché spécial; leur prix est très variable; chez leurs maîtres ils ne paraissent point plus malheureux que les autres domestiques, car s'ils sont maltraités ils peuvent demander à être revendus. L'enfant d'une négresse avec son maître est libre, mais l'enfant provenant d'un étranger est esclave. Certaines sociétés antiesclavagistes anglaises ont essayé d'entreprendre une manière de réforme de cet état de choses; mais, outre qu'elles n'ont produit que très peu de résultats, on n'a pas tardé à voir dans leurs manœuvres des dessous politiques. Quelques milliers d'Européens fixés depuis plus ou moins longtemps dans les ports de la côte représentent tout l'élément chrétien du Maroc; ce sont à Tanger en majorité des Espagnols, sans grand avoir et quelquefois sans grande moralité, mais il y a aussi une colonie anglaise et française ou du moins quelques maisons de commerce. Les Européens y vivent sous le régime des *capitulations* (V. ce mot).

Organisation administrative. — LES TRIBUS.— Le pays se divise en deux parties, l'une soumise au sultan d'une manière plus ou moins effective, Blad el-Makhzen (littéralement le pays des bureaux, de l'administration), l'autre quatre ou cinq fois plus vaste, peuplée de tribus indépendantes ou ne reconnaissant l'autorité chérifienne qu'au moment du passage des troupes, Blad es-Siba (littéralement pays du vol), où les Européens ne sauraient tenter de pénétrer que travestis. Les habitants des plaines ne peuvent pas se soustraire à l'autorité du sultan et sont obligés d'accep-

ter ses agents. A la tête de chaque tribu importante se trouve
un caïd nommé par le gouvernement avec lequel il correspond ;
il possède comme signe d'investiture un cachet officiel (taaba)
avec lequel il signe ses lettres. Ces caïds sont en général
choisis parmi les cheikhs les plus importants de la tribu ;
quelquefois ne trouvant personne à nommer, le Makhzen
impose un personnage quelconque. Habituellement, les
caïds n'ont aucune force armée à leur disposition ; leurs domestiques, clients (sahab), leur en tiennent lieu ; quant
aux caïds investis ils ont une situation difficile ; le gouvernement leur donne parfois des petits détachements de
troupes. Chaque caïd est aidé dans ses fonctions par un
khalifa (lieutenant) et par des djerraï (sorte de percepteurs
d'impôts). Le caïd nomme des cheikhs sur la demande de
la djemaa ou assemblée de notables ; quelquefois il les im-

Fig. 5. — Remparts de Merrakech (époque des Almoravides (d'après une photographie de M. de La Martinière).

pose. Le cheikh a sous sa juridiction un certain nombre de
douars ou de dechour. Tous les efforts du sultan tendent à
substituer dans les tribus berbères l'autorité du caïd à
celle de la djemaa (V. BERBÈRE) et dans les tribus arabes
à remplacer les groupements naturels par des groupements
artificiels de manière à augmenter le rendement des impôts et à triompher des résistances locales. Ainsi le sultan
Maulay-el-Hasan substitua aux treize grands commandements qui existaient jadis un nombre considérable de petits groupes (330 environ [Erkmann]), à la tête de chacun
desquels se trouve un caïd. Le titre d'amel ou gouverneur
de province tendrait donc de plus en plus à se restreindre.
Un certain nombre de pachas ou gouverneurs de villes sont
en même temps amels de province : tels sont les pachas de
Tanger, de Tétouan. On réserve en général le titre de pacha
pour l'administration des villes.

Dans un pays tel que le Maroc, où tant de circonstances de politique intérieure peuvent modifier la répartition et la délimitation des pouvoirs et des territoires, il est difficile de fixer les grandes divisions administratives. Sous le précédent règne, on citait assez généralement la province d'Oudjda avec 21 caïds, sous l'autorité nominale de l'amel d'Oudjda; le Rif sous l'autorité tout à fait nominale du pacha de Fez el-Bâli avec 30 caïds *in partibus*; la province de Tanger, celle de Tétouan, celle d'Asilah, la région dite du Gharb el-Isar avec 15 caïds dépendant plus ou moins du pacha d'El-Araich; la région dite Foum el-Gharb avec 21 tribus et 29 caïds dépendant du pacha de Fez-Djedid; le Hauz de Rabat avec 12 caïds, sous la juridiction du pacha de Rabat; le Hauz de Merrakech avec 56 caïds, le Diara de Merrakech, occupant le versant septentrional du Grand Atlas, 33 caïds, dont la plupart ne sont même pas acceptés par les populations; le Tadela avec 40 caïds, à peine acceptés également; la région berbère, le Sous avec 41 caïds, enfin la région de l'ouâd Draa sans caïds et le Sahara comprenant sous cette appellation vague les tribus telles que Beni-Guil, Doui-Menia, Oulâd-Djerir où l'autorité marocaine est à peine nominale.

LES VILLES. — Les villes du Maroc peuvent être divisées en deux catégories : celles de l'intérieur, où de très rares Européens ont à peine réussi à se fixer, où ne se trouve en général aucune autorité consulaire autre que des agents indigènes sans autorité ni prestige, sorte de correspondants de légations, et celles de la côte qui renferment une petite colonie européenne et des consulats. Toutes les villes (medina) sont entourées de hautes murailles en pisé garnies de tours; on ne donne pas le nom de medina à une ville ouverte. A chaque medina sont généralement réunis une citadelle ou kasbah et un quartier des juifs ou mellah; dans les villes de l'intérieur, ces trois quartiers sont séparés par des murailles; dans celles de la côte, ils tendent à se confondre. Toutes les villes, sauf *Fez* et *Merrakech* (V. ces mots), sont commandées par un seul pacha assisté d'un caïd qui est chargé des opérations aux environs. A Fez, à Merrakech et au Tafilalet, chez les Oulâd-Aleima, réside dans chacun de ces endroits un khalifa du sultan, véritable vice-roi, dont les pouvoirs sont assez étendus. Dans les kasbah des villes se trouvent généralement le palais du gouvernement (Dar Makhzen), un magasin à poudre, une sorte d'arsenal, une prison d'État, les habitations des familiers du palais, quelques soldats. La citadelle est commandée par un pacha ou un caïd qui a sous ses ordres toutes les troupes du Makhzen, à l'aide desquelles il peut observer les environs. Quant aux villes proprement dites, elles sont commandées par un pacha civil. Les principaux fonctionnaires dans chaque ville chargés de la sécurité sont les moqaddem el-houma ou chefs de quartier, qui sont chargés de tout ce qui a trait à la police de chaque quartier, mais sans aucun pouvoir exécutif en dehors du pacha ; le caïd des moualinn-dôr ou chef de la police centrale ; les moualinn-dôr, agents de police, chaque ville étant partagée en un certain nombre de quartiers ayant chacun ses fontaines, ses mosquées, ses bains publics, ses fondouks (auberges, écuries), ses cafés maures, etc. Le sprincipales villes du

Fig. 6. — Porte arabe (époque des Beni-Merin). Ruines de Chela (d'après une photogr. de M. de La Martinière).

Maroc (chaque ville étant traitée à part, V. l'article spécial) sont Fez (environ 70,000 hab.); Merrakech (environ 30,000 hab.); Mequinez (15,000 hab.); Taroudant (environ 8,000 hab.); Taza (5,000 hab.); Ouazzan (6,000 hab.); Alkasar el-Kebir (7,000 hab.); Tétouan (15,000 hab.); Tanger (20,000 hab.); Laracho (5,000 hab.); Rabat (15,000 hab.); Casablanca (15,000 hab.); Mazagan (9,000 hab.); Safi (4,000 hab.); Mogador (10,000 hab.); Agadir (1,500 hab.).

Finances. — Budget. — Le Maroc n'a pas de budget dans le sens propre du mot; il n'a pas de dette ; sa for-

tune est celle du sultan et est constituée par le produit des
douanes, des impôts, des contributions de guerre que le
Makhzen lève durant ses expéditions. Récemment (au commencement de 1894), le sultan s'est engagé à verser au
gouvernement espagnol une somme de 5 millions de douros,
environ 20 millions de fr., comme indemnité de guerre à
la suite des événements de *Melilla* (V. ce mot). Dans l'état
actuel des connaissances que l'on possède sur le Maroc, il

Fig. 7. — Minaret, à Chela (époque des Beni-Merin)
(d'après une photographie de M. de La Martinière).

est des plus difficiles de donner un chiffre quelconque des
revenus produits par les impôts aussi bien que des dépenses du sultan.

D'après certaines estimations que nous donnons sous
toutes réserves, les recettes de l'empire chérifien se mon-
teraient à 12.500,000 fr. par an, tandis que les dépenses ne dépasseraient point 6 millions. En réalité, durant
ces dernières années, le sultan Maulay-el-Hasan avait fait
de nombreuses commandes de matériel de guerre, puis

ordonné de construire et d'armer à l'européenne un fort à Rabat; le trésor impérial a dû en diminuer d'autant.

Impôts. — Comme dans tout pays soumis à la loi musulmane, les impôts réguliers sont l'achour et la zekat, le premier consistant dans le dixième de la récolte en grains, le second calculé sur environ 2 % de la valeur des bestiaux. A certaines époques, des intendants de la couronne ou oumana, assistés par des chefs de l'armée et par des ingénieurs tholba, se rendent dans les tribus et inscrivent la valeur de l'impôt. Le manque de moralité de ces fonctionnaires entraîne les plus grands abus. La plupart des zaouïa ou couvents des grands ordres religieux sont exemptés d'impôts. Comme contributions accidentelles, il faut joindre la mouna ou contribution d'hospitalité réservée aux personnages porteurs d'une lettre du sultan ou aux fonctionnaires du gouvernement (c'est souvent presque une cause de ruine pour les populations riveraines des grandes routes), puis les amendes ou daëra, puis enfin trois fois par an les hedia ou cadeaux qu'on envoie au sultan à l'occasion des grandes fêtes religieuses. En l'absence de tout document officiel, il est impossible de fixer exactement le chiffre du budget marocain; on donnera ici d'une manière tout à fait approximative un essai de statistique à ce sujet :

Revenus des propriétés du sultan....	75.000 fr.
Hedia.........................	400.000 —
Impôts (achour et zekat)..........	3.000.000 —
Daëra ou amendes................	1.000.000 —
Produits des douanes et octroi..... ..	1.000.000 —
Impôt des juifs.................	10 000 —
Droits de péage pour les bêtes de somme	200.000 —
Total........	14.685.000 fr.

Quant aux dépenses dans lesquelles on comprend l'entretien de l'armée qui coûte fort peu, celui des harems, des fonctionnaires très peu payés, les réparations aux palais impériaux, etc., on peut les évaluer à environ 5 millions de fr. Le trésor chérifien s'enrichirait donc chaque année de près de 10 millions de fr., dont il faut déduire les commandes d'armes imprévues, de matériel de guerre, etc.

Armée. — ORGANISATION MILITAIRE DU MAROC. — On ne saurait donner aux troupes du sultan le titre d'armée, car le recrutement s'en fait un peu au hasard, suivant le bon plaisir des gouverneurs des provinces qui en profitent pour commettre maintes exactions. En principe, chacune des tribus qui forment la partie militaire du pays, le Makhzen, doit fournir un combattant par foyer; mais ce mode de recrutement, des plus défectueux en ce

qu'il amène sous les armes les éléments les plus dispa-
rates et ceux qui ne peuvent échapper à cette manière de
conscription, est une des causes de l'infériorité de l'armée
chérifienne. La concussion règne dans tous les grades.
Aucun vestige de service administratif n'existe, et en un
mot cette comédie d'armée ne saurait être prise au sérieux.
Jadis des renégats européens, aventuriers parfois de mérite,
servaient dans les armées marocaines, et sans même remonter aux temps du moyen âge, alors que des milices
kourdes ou chrétiennes donnèrent maintes fois la victoire
aux troupes des Almoravides ou des Almohades, on vit,
principalement au XVIIIe siècle et au commencement de
celui-ci, les sultans faire de réels efforts pour se constituer
une organisation militaire. C'est ainsi qu'après la bataille

Fig. 8. — Vestiges de constructions portugaises, à Azilah
(d'après une photographie de M. de La Martinière).

de l'Isly, Maulay-Abderraman voulut équiper à l'européenne quelques bataillons d'infanterie. L'artillerie fut
aussi l'objet des soins attentifs des derniers sultans et
surtout de Maulay-el-Hasan; mais, bien qu'une mission
militaire française soit depuis dix-sept ans déjà installée auprès du Makhzen, que d'autres officiers étrangers s'en soient
également occupés, l'instruction et l'organisation de la
troupe marocaine sont absolument rudimentaires, et l'on
peut avancer hardiment qu'à aucun point de vue elle n'offre
la moindre valeur. C'est un instrument de domination qui
permet au sultan de recueillir les impôts sur une partie de
son territoire, mais qui serait absolument hors d'état de
résister à une action européenne. La difficulté de la conquête
du Maroc proviendra de la valeur guerrière des tribus ber-

bères, dont beaucoup sont armées de nos jours de fusils à tir rapide. La haine de l'étranger, le fanatisme les grouperont contre l'envahisseur.

Actuellement (1896), la base de l'armée est la réunion des combattants appartenant aux tribus du Makhzen et formant ce que l'on appelle le *guich*. Le guich, dont l'efectif dépasse rarement 9,000 hommes, se compose d'une partie sédentaire, qui ne quitte que rarement la ville ou la tribu où il a été formé, et d'une partie active qui alimente les escadrons de mesekherin, mechaouri, etc., et presque tout le personnel administratif. Les cavaliers du guich sont à la fois soldats et agents du gouvernement. Les principaux guich sont les Abid-Boukhari, les Oudaïa, les Cheraga, les Cherarda et les Soussi. L'équipement de la cavalerie marocaine est misérable. Les chevaux sont insuffisamment nourris et le harnachement marocain est fort mauvais, en tous points inférieur à celui des Algériens. Il en est de même de la race des chevaux. La taille et l'aspect du cheval marocain sont en général supérieurs à ceux des animaux d'Algérie, mais les qualités de fond, de vigueur et d'endurance aussi bien et surtout que celles du cavalier ne sauraient entrer en comparaison avec celles des tribus du Sud oranais. Le guich fournit aussi l'artillerie de campagne qui se compose de deux bataillons commandés chacun par un caïd agha et formant 15 mia ou compagnies de 100 hommes, rarement au complet. Le matériel, essentiellement disparate, se compose, en général, d'une dizaine de batteries. On a essayé d'organiser des batteries montées qui ne servent guère qu'à des manœuvres de parade au moment des fêtes religieuses. Ce qui reste n'est que de l'artillerie de montagne, mal servie par des canonniers sans discipline et par des officiers marocains qui ignorent même l'emploi de la hausse. Quant à la défense des ports, elle est confiée à un petit nombre d'artilleurs sédentaires, une centaine environ par port, qui servent de père en fils, exercent un métier quelconque et touchent une faible paye mensuelle. Leur service se borne à monter de rares gardes et à tirer des salves de réjouissance. A Tanger, on voit six canons Armstrong de 20 tonnes installés dans trois batteries avec réduit et construites par des ingénieurs de Gibraltar; à Rabat, le sultan Maulay-el-Hasan, dans les dernières années qui précédèrent sa mort, fit construire par un ingénieur allemand un ouvrage d'une grande puissance, armé de deux énormes pièces Krupp. L'artillerie des places de l'intérieur est tout à fait insignifiante. La marine marocaine, si fameuse au temps des pirates barbaresques, n'existe plus. Seul, un bâtiment à vapeur, mauvais cargo-boat, acheté par le sultan Maulay-el-Hasan, bat encore le pavillon marocain. Outre les troupes dont nous venons de parler, les tribus four-

nissent des cavaliers appelés nouaïb et qui ne rejoignent
l'armée qu'en cas de besoin. Ils ne causent au sultan aucune dépense ; ils reçoivent de leurs tribus une cinquan-
taine de francs par mois pour subvenir à leurs besoins et
s'approvisionnent par des convois organisés à leur guise,
apportant ainsi les plus grands éléments do désordre à la
cohue que forme en déplacement l'armée chérifienne. Les
tribus berbères fournissent des nouaïb à pied qui sont
d'excellents fantassins, énergiques, sobres, habiles tireurs
et qui, durant la guerre de Tétouan, résistèrent parfois
victorieusement aux Espagnols. Quant à l'infanterie régulière (asker), bien qu'habillée d'une façon à peu près uni-
orme, instruite en partie par un sous-officier anglais et

Fig. 9.— Ancienne forteresse espagnole, à Larache (d'après une photographie de M. de La Martinière).

armée de fusils modernes (Martini Henry. Comblain, Gras),
elle offre peu de solidité. L'effectif total dépasse rarement
8,000 hommes. L'armement do la troupe marocaine est
très mauvais, car le gouvernement marocain, malgré sa
méfiance instinctive pour tout ce qui vient d'Europe, ne
cesse d'être victime d'industriels et d'agents qui lui vendent
au poids de l'or du matériel parfois de rebut. Dans les dernières années, l'effectif des troupes employées pour soumettre les tribus n'a pas dépassé 25,000 hommes, nouaïb
compris. S'il s'agissait d'une guerre plus sérieuse, le sultan
pourrait mettre sur pied environ 40,000 hommes d'infanterie et presque autant de cavalerie (Erckmann).

**Géographie économique. — Industrie, Naviga-
tion, Mouvement commercial.** — Le système d'isolement,
qui a prévalu depuis longtemps déjà dans la politique des
sultans du Maroc, a empêché le développement de l'industrie
et de l'agriculture, et a conservé avec une singulière effi-
cacité le caractère d'une industrie encore réduite de nos
jours aux procédés antiques de fabrication. Les tapis, tissus,
cuirs ouvragés, armes, faïences vernissées de Merrakech,
de Fez, du Tafilalet sont encore les mêmes qu'aux siècles
passés. On observe cependant et depuis peu d'années de
grands efforts en Allemagne, notamment pour imiter l'industrie marocaine et apporter dans ce pays des objets manu-
facturés économiquement et mécaniquement. Les laines du
Maroc sont renommées; elles sont en grande partie expor-
tées en France, où, dans le Nord, elles sont employées dans
les filatures. Les droits de douane à l'exportation tendent
à maintenir fermée la barrière qui empêche le développement économique de ce pays. C'est ainsi que les grains
sont de même frappés, soit d'un droit relativement élevé,
soit même d'une prohibition absolue. Si à ces conditions
défavorables on ajoute l'absence de moyens de communica-
tions, le peu de sécurité de la contrée, l'impossibilité des
étrangers de se rendre dans certains districts, souvent les
plus riches, on comprend pourquoi l'exportation est très
insignifiante par rapport à la masse des produits du sol. Il
est également interdit d'exporter du Maroc, à moins de per-
mission spéciale, les animaux domestiques vivants. Le gouvernement anglais a toutefois conclu avec le Makhzen chérifien une sorte de convention pour l'approvisionnement, à
Tanger, en viande sur pied, de la garnison de Gibraltar.
La marine marocaine ayant été anéantie, la navigation côtière est entièrement aux mains de compagnies européennes
ou faite par de petits voiliers espagnols et portugais. En
1896, il existait trois compagnies allemandes desservant les
ports marocains, une anglaise, une espagnole et deux fran-
çaises. Ces deux dernières sont la Compagnie Touache dont un
bateau dessert Tanger tous les quinze jours par Oran, et la
Compagnie Paquet de Marseille, dont les bâtiments font escale
sur toute la côte jusqu'aux îles Canaries. Il n'existe pas de
ports au Maroc; ce ne sont que rades foraines ou mouillages,
et les conditions où se font les opérations d'embarquement et
de débarquement sont fort précaires. A cela si on ajoute
l'absence de phares (sauf celui du cap Spartel) et les difficultés de la navigation sur cette côte, il ne faut pas s'étonner
de l'état misérable où demeure le négoce marocain. En
ce qui concerne le commerce français au Maroc, on constate
qu'il y devient de plus en plus difficile. La concurrence allemande et belge à nos produits y est très vive. La France importe au Maroc les sucres, quelques draps, des tissus de soie
de Lyon, des guinées ou toiles de coton bleues, destinées aux

régions méridionales et provenant de Pondichéry ; elle exporte des laines, des grains ; l'Angleterre importe les thés, les bougies, les cotonnades, de la quincaillerie ; il en est de même de l'Allemagne et de la Belgique. Le commerce d'importation par contrebande des armes et munitions de guerre, qui prend une extension de plus en plus grande, provient de Belgique et d'Angleterre et aussi d'Espagne. Le thé, dont on fait un si grand usage depuis quelques années, est du thé vert ; dans les ports et dans les grandes villes du Maroc, il se vend environ 5 fr. le kilogr. ; la valeur en augmente à mesure qu'on s'éloigne des centres. L'absence de facilités et de moyens de communication est au Maroc un des obstacles les plus considérables que ren-

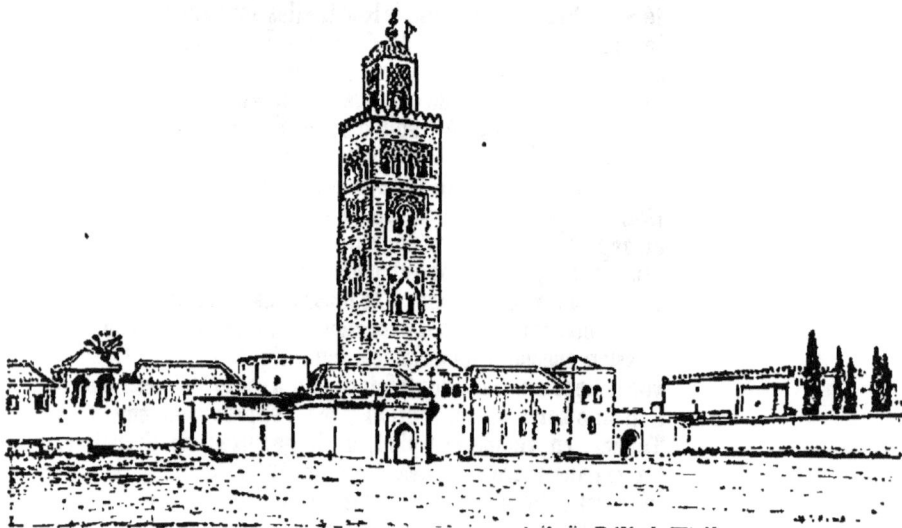

Fig. 10. — La grande mosquée de la Koutoubia, à Merrakech (époque des Almohades, règne d'El-Mansour) (d'après une photographie de M. de La Martinière).

contre le développement des relations commerciales. On a vu plus haut que ce pays se divise, de par sa constitution orographique, en deux régions distinctes ; la première a Fez pour centre : on peut l'appeler Maroc du Nord ou royaume de Fez ; la seconde a pour centre Merrakech ou la ville de Maroc : elle peut se désigner sous le nom de Maroc méridional ou royaume de Merrakech. Ces deux régions, séparées par des montagnes difficiles et des plateaux qu'habitent une longue ligne de tribus indépendantes, ne communiquent que difficilement entre elles et seulement par deux points. Ils se trouvent aux extrémités opposées de la ligne qui les sépare : ce sont au N.-O. le bord de la mer dans les environs immédiats de la ville de Rabat, au S.-E. la plaine qui, par le Todra, le Ferkla et Gheghis,

s'étend entre l'ouâd Dâdès et l'ouâd Ziz. Ces deux contrées
ont donc leur mouvement commercial propre, leur importation, *comme leur exportation et leurs ports spéciaux.*
Le mouvement commercial du Maroc avec l'Algérie n'est
pas très considérable ; il est bien inférieur à ce qu'il
devrait être. *La plus grande partie des échanges paraît se*
faire par la région du Tafilalet et les ksour, intermédiaires
entre la vallée de l'ouâd Ziz et Aïn-Sefra ; quant à la voie
de Fez à Tlemcen, à Oudjda, très suivie avant l'occupation
française, elle est réduite actuellement par le soin que met
la cour marocaine à s'isoler de l'Etat voisin. Les Espagnols
en créant à Melila un port franc ont un commerce assez actif
avec la partie orientale du Maroc.

MONNAIES. — Tout récemment le sultan Maulay-el-
Hasan, à la suite d'un contrat passé avec un syndicat de
banquiers belges et français, a fait frapper une certaine
quantité de monnaies d'argent à Paris. Ces pièces sont de
5 fr., 2 fr. 50, 0 fr. 50 et 0 fr. 25 ; l'ancien système si compliqué tend *donc à disparaître* ; il ne subsiste plus que pour
les monnaies de cuivre, bien qu'il soit question d'établir
une frappe à cette seule fin à Fez, d'après les usages européens. Actuellement, *comme monnaie de billon,* on se sert
d'une monnaie nationale dont l'unité est la *mouzouna.* On
compte 4 mouzounas dans l'*ouquia* et 40 dans le *mits-*
qual. Cette monnaie est en usage dans tout le Maroc ; sa
valeur est uniforme. Il n'y a pas de pièces d'une mouzouna,
il y en a de 2/3 de mouzouna, de 1/16 de mouzouna, etc.
La pièce de 5 fr., le douro espagnol, seule unité pratique,
a une valeur qui diffère en chaque lieu ; de plus, en un même
point, cette valeur n'est pas fixe : elle oscille sans cesse dans
certaines limites. Dans toutes ces monnaies de valeur si
variable, il circule beaucoup de pièces fausses ; il en existe
parmi les réaux ou pièces de 5 fr.; il en existe surtout
parmi les pesetas espagnoles dont cinq valent un douro. Ces
anciennes pièces à empreintes effacées sont d'une imitation
aisée ; aussi, *dans celles qui servent actuellement s'en trouve-*
t-il plus de fausses que d'authentiques. Dans ces conditions,
on se méfie également et grandement des rares monnaies
d'or qui se peuvent rencontrer et que du reste on ne frappe
plus depuis longtemps au Maroc.

MESURES. — Le *cantar* ou quintal est de 100 livres du
pays, qui égalent 54kg346. On distingue de plus le *kin-*
tar el-aroub, qui est des trois quarts de l'autre et n'a
que 75 livres. La *livre* est dans le N., à Tétouan, Tanger, etc., de 500 gr., et dans le S., à Mazagan, Mogador, etc., de 540 gr. — Les mesures de longueur et d'au-
nage sont : le coudée ou *dra* = 8 tomins = 0m57 ; le
cana, pour la mesure des tissus, est égal à 0m54. — La

mesure de capacité varie suivant les localités ; mais la plus usitée pour les grains est la *fanègue; * la fanègue rase est évaluée à 56ᶫⁱᵗ39 et la fanègue comble à 72ᶫⁱᵗ68. D'autres estiment la fanègue rase à 54ᶫⁱᵗ800. La fanègue est divisée en mesures de 1/2, 1/4, 1/8, 1/16, 1/32 de fanègue. — Dans les provinces du Sud, on vend le blé par *moudd* ou *almoudd* = 14ᶫⁱᵗ387 ; dans le Nord, il se vend par *sa* et par *kila; * le sa = 57ᶫⁱᵗ348, le kila = 89 litres. Le froment, l'orge, les fèves et les autres grains sont vendus par *arobe; * l'arobe est égal à environ 3 fanègues et demie.

Fig. 11. — Porte de la ville, à Mequinez (époque de Maulay-Ismaïl) (d'après une photographie de M. de La Martinière).

La fanègue comble de fèves pèse 51 kilogr.; la fanègue comble de lentilles ou de maïs pèse 54 kilogr.; la fanègue comble de pois chiches pèse 55 kilogr. — Les liquides se vendent au poids, sauf l'huile d'olive, qui se vend par *kolla* ou *koulla* de 22 *artale* = 15 litres, pesant 13,5 à 14 kilogr.

Statistique. — Nᴏᴍʙʀᴇ ᴅ'ʜᴀʙɪᴛᴀɴᴛs. — Tout essai de statistique en un semblable pays serait infructueux. On est obligé de s'en remettre aux appréciations des différents voyageurs qui ont parcouru le Maroc. Quoi qu'il en soit, en tenant compte de l'extrême densité de la population berbère qui peuple la vallée de l'Atlas, et aussi de la fertilité de quelques districts de plaines, comme celles qui bordent l'océan Atlantique, ce n'est guère exagérer la population marocanique de l'estimer de 10 à 12 millions d'hab. Il faudrait en effet se garder d'apprécier ce pays par l'aspect misérable le long des contrées, soit de la Tin-

gitane, soit du royaume de Merrakech, et que suivent les
ambassades européennes qui se rendent à la cour, ou que
parcourent les négociants appelés par leurs affaires dans
les villes de l'intérieur.

Ethnographie (V. AFRIQUE, BERBERS, MAURES).

PÉRIODE PRÉHISTORIQUE. — *Monuments mégalithiques
au Maroc.* On a rencontré au Maroc à peu près toutes
les variétés des monuments mégalithiques, dolmens, menhirs, tumuli, cromlechs. Ils y sont toutefois beaucoup plus
rares qu'en Algérie et y apparaissent en groupes moins
considérables. Tissot explique ce fait par les mœurs
différentes des populations des deux contrées, l'élément
nomade étant, pour ainsi dire, une exception au Maroc,
et les populations berbères essentiellement sédentaires
n'ayant, depuis des siècles, cessé d'utiliser, pour la construction de leurs villages ou *dechour*, les dalles des dolmens
et les matériaux des différentes ruines qu'elles rencontrent dans le pays. Toutefois, non loin et au S. de Tanger,
sur la route d'Alkasar, il existe à Mzôra tout un ensemble de
monuments mégalithiques très remarquables et dont on n'a
pas encore retrouvé d'autres spécimens au Maroc. Ces monuments se composent d'un tumulus surbaissé de 6 à 7 m. de
hauteur sur une centaine de pas de circonférence, flanqué à
l'O. d'un groupe de menhirs dont le principal ne mesure pas
moins de 6 m. et est entouré à sa base sur les trois quarts de
la circonférence d'une ceinture de pierres debout de 1 m. de
hauteur en moyenne. Le voyageur Arthur Coppell de Brooke
a comparé ces groupes monolithiques avec les monuments
analogues de la Grande-Bretagne et a exprimé la conviction
qu'ils appartiennent à la même époque s'ils ne sont point
l'œuvre d'une même race. Quant aux cavernes et aux *abris*,
ils sont très vraisemblablement au Maroc aussi riches que
partout ailleurs. Dans les falaises du cap Spartel et dans
les parois rocheuses du djebel Mouça, sur toute la côte méridionale du détroit de Gibraltar, les grottes et cavernes
sont assez nombreuses ; dans plusieurs on a trouvé des
instruments divers de la pierre polie et en maints autres
endroits les pointes de flèche abondent. Mais les populations de l'Afrique septentrionale et du Maroc en particulier ne semblent avoir gardé aucun souvenir de leurs origines. Les traditions nationales leur ont toujours fait défaut,
et les légendes puniques recueillies par Salluste n'ont guère
plus de valeur historique que les généalogies par lesquelles
les Berbères ont cherché à se rattacher à la race arabe
(V. BERBÈRE). Le Maroc, dont les massifs montagneux sont
si difficilement accessibles, est un des centres d'où l'élément berbère s'est le mieux défendu contre les invasions
et les croisements qui en sont la conséquence. Or, c'est

aussi la région de l'Afrique septentrionale où le type blond est le plus fréquent. Tissot pense que l'on demeure certainement au-dessous de la vérité en affirmant que ce type y forme le tiers de la population totale. Cette proportion doit, en effet, être bien plus considérable si l'on tient compte de ce double fait que les observations n'ont porté jusqu'ici que sur une population mélangée de sang arabe et de sang noir, et que la masse berbère pure du Grand Atlas et du Rif n'a pas pu être encore qu'imparfaitement étudiée sur place. Les deux tiers de la colonie rifaine établie à Tanger se composent d'individus appartenant aux types blond et châtain. La population berbère arabisante de la province de Tanger qui descend des grandes tribus des Senhadja et des Ketama présente les mêmes proportions : beaucoup de femmes sont blondes ; le plus grand nombre sont du type châtain ; celles qui appartiennent au type brun offrent les mêmes caractères, les mêmes traits que nos paysannes du Berry, de l'Auvergne, du Limousin. L'impression générale que laisse cette population berbère, c'est qu'elle appartient à une race identique à la nôtre. Tissot qui l'a longtemps observée écrit que le Berbère du N. et du centre du Maroc a une physionomie essentiellement européenne ; il dit même que ses mœurs, ses habitudes, le rapprocheraient de nous et confirment cette supposition d'une origine commune. Pendant longtemps on n'avait vu dans ces populations que des descendants des Vandales, mais cette conjecture a été démontrée inadmissible jusqu'à l'évidence. En réalité, le Maroc, par son voisinage de la péninsule ibérique et de l'Europe, dut servir de lieu de passage à une très ancienne époque, à cette invasion aryenne dont on retrouve les traces dans une grande partie du Nord africain et qui eut lieu vraisemblablement vers le XVe siècle avant notre ère. Le Dr Broca pense que ces peuples ont franchi le détroit de Gibraltar comme le firent bien plus tard les Vandales.

Histoire. — PÉRIODE PHÉNICIENNE. — C'est environ en 1520 av. J.-C. que l'on fait remonter le commencement de la navigation des Phéniciens par le détroit et la fondation de leurs premiers établissements de commerce sur la côte occidentale du N. du Maroc. Puis les Carthaginois, de bonne heure, cherchèrent à exploiter le pays, se maintenant autour des ports et ne dominant le reste du pays que par l'intermédiaire de chefs indigènes investis du manteau rouge. La grande expédition maritime confiée à l'amiral Hannon avait exploré la côte atlantique et fondé des colonies. Mannert estime que c'était à peu près l'époque où Carthage était parvenue à sa plus grande splendeur, c.-à-d. durant la période comprise entre le règne de Darius Ier et le commencement de la première guerre punique. *Tingis* (Tanger) et *Lixus* (Tchemmich, près de Laroche) existaient déjà, mais

c'est alors que furent fondés les principaux comptoirs de a
côte, comme *Thymiateria* (Mehediyah), *Sla* (Rabat), etc.

A peine Scipion Emilien, après la prise de Carthage,
avait-il quitté l'Afrique que l'on vit affluer la troupe avide
des négociants ou fermiers d'Etat qui envahirent bientôt
tout le trafic de la nouvelle province aussi bien que des
pays numides et gétules fermés jusqu'alors à leurs entreprises. A mesure que la puissance phénicienne penche vers
son déclin, on discerne dans le N. de l'Afrique et principalement dans la partie de la Maurétanie qui était le Maroc
de nos jours, celle des princes indigènes affirmant la suprématie des Berbères. C'est ainsi que, déjà vers l'an 200 av.
J.-C., le pays qui nous occupe s'était soumis au moins en

Fig. 12. — Porte de la Kasba, à Merrakech (d'après une
photographie de M. de La Martinière).

grande partie à la famille princière de Bokkar. La région
était encore peu connue des Romains et, en tout cas, ses
habitants ne paraissent avoir commencé à jouer un rôle
bien dessiné dans l'histoire qu'au moment où Jugurtha,
gendre de leur roi Bocchus et roi de Numidie, demanda son
appui contre les Romains (107). On connaît la conduite de
Bocchus et on sait que, pour prix de sa trahison, les Romains le récompensèrent de leur avoir livré Jugurtha en
reculant de la Molouïa jusqu'à l'Ampsaga (l'ouàd El-Kebir)
les frontières de la Maurétanie occidentale. Ce que les auteurs anciens nous ont transmis sur cette époque est très
incomplet et en partie contradictoire. Ils nous apprennent
que le grand royaume formé par Bocchus a été divisé en
deux Etats soumis à des rois qui ont porté les noms de

Bocchus et de Bogud ; mais ils ne disent ni quand le partage a eu lieu ni quel a été le nombre de ces rois, et il
arrive parfois qu'on ne voit pas clairement sur laquelle des
deux Maurétanies a régné le roi dont il est fait mention.
Les premiers événements qu'on nous a rapportés de cette
époque appartiennent à l'an 81. Un roi maurétanien attaqua alors le roi numide Hiarbas lorsque, vaincu par Pompée, il s'était réfugié dans l'O. de ses domaines. Au même

Fig. 13. — Minaret, à Tétouan (d'après une photographie
de M. de La Martinière).

temps, une lutte s'engage sur la côte atlantique entre un
certain Ascalis, sans doute un prétendant au trône de Maurétanie, et Sertorius, célèbre chef espagnol ; Ascalis fut
soutenu par des pirates siciliens arrivés dans ces parages
avec Sertorius et par des troupes envoyées d'Espagne par
Sylla, mais Sertorius le vainquit et prit la ville de Tingis
où il s'était retiré. Les rois maurétaniens prirent aussi
part à la guerre qui se faisait en Espagne entre César et

les Pompéiens ; en 48, un Bogud passa en Espagne pour aider Longinus, lieutenant de César, à combattre le gouverneur pompéien de ce pays et, à la bataille, nous trouvons en 45 l'un des deux rois dans l'armée de César et les fils de l'autre combattant dans les rangs de Pompée. En 38, Bogud, roi de la Maurétanie occidentale, embrassa le parti de Marc-Antoine et fit une expédition en Espagne pour déposséder les légats d'Octave ; pendant son absence, les habitants de Tingis se révoltèrent et Bocchus, roi de l'autre Maurétanie, occupa son pays ; Bogud, échouant dans sa tentative en Espagne et ne pouvant rentrer dans ses Etats, se réfugia en Orient auprès d'Antoine, tandis que Bocchus reçut d'Octave l'investiture du royaume occidental. Ce Bocchus, dernier roi de la dynastie, mourut en 33. La civilisation phénicienne se maintint sans doute pendant toute cette époque, mais celle des Romains ne put faire autrement que de pénétrer peu à peu dans la Maurétanie, soit par le commerce actif qui se faisait entre les villes maritimes et la côte voisine de l'Espagne où prédominaient alors la langue et les mœurs romaines, soit par suite des relations qu'entretenaient les rois avec les Romains. Cette influence a dû se faire sentir surtout vers la fin de cette époque, après que la Numidie orientale fut devenue province romaine.

PÉRIODE ROMAINE ET BYZANTINE. — C'est par le territoire de Carthage que Rome avait d'abord saisi l'Afrique. De l'Afrique propre ou province romaine d'Afrique, la Tunisie actuelle, les nouvelles mœurs gagnèrent les contrées voisines, et, pour activer la transformation de ces pays, Auguste et ses successeurs fondèrent de nombreuses villes dans la Maurétanie occidentale, jusque sur les côtes de l'océan Atlantique où ils développèrent les anciens comptoirs phéniciens en face de la Bétique, d'où leur arrivaient des encouragements et des secours. Tel Lixus qui était en relation si fréquente avec le port voisin de Gadès (Cadix). Otton rendit plus tard, en 69, durant son éphémère pouvoir, cette action plus directe en plaçant la Tingitane sous la juridiction des gouverneurs de Bétique. Auguste avait déjà établi que Zilis (Asilah) en relèverait. *Zilis jura Bæticam petere jussa* (Pline, *Histoire nat.*, V, 1). Pourtant on adopta d'autres errements et on crut aller plus vite dans cette œuvre en remettant le pouvoir à un chef indigène ; c'est ainsi que la Maurétanie fut donnée à Juba. Toutefois, en 40, Caligula prit au fils de Juba son royaume, et Claude en 41 divisa la Maurétanie en deux provinces, la Tingitane et la Césarienne, séparées par la Malva (la Molouïa de nos jours). En 42, la Tingitane était élevée au titre de province romaine, et Lixus devenait colonie impériale (*Lixus colonia Claudii Cæs.*). Ce ne fut pas sans résistance que la nationalité berbère adopta cette domination si différente de celle de Carthage. L'histoire ne nous a point conservé le récit de ces luttes. La rébellion fut toutefois et à maintes reprises très étendue, notamment sous le règne de Claude, quand Suetonius Paulinus entreprit une expédition qui mena les légions romaines jusque sur les bords de l'ouâd Ghers. Parties de Volubilis, les troupes franchirent le massif occupé de nos jours par les Beni-Meguiled,

Fig. 14. — Intérieur de maison, à Tétouan (d'après une photographie de M. de La Martinière).

traversèrent l'Atlas au col de Tizi n'Telremt et débouchèrent sur le versant méridional de la chaîne, dans la région du Tafilalet, par un itinéraire des plus hardis. Pour donner plus d'indépendance à l'action militaire, Caligula avait du reste ôté le commandement de l'armée au proconsul d'Afrique en le donnant au légat impérial. On a trouvé au Maroc des inscriptions nombreuses (recherches de Tissot poursuivies par M. de La Martinière) datant de presque toutes les époques de l'Empire. Certaines inscriptions de

Tanger confirment le titre que Pline nous avait transmis
de la cité (*Tinge colonia Julia traducta*) ; une autre nous
apprend que la Tingitane si voisine de l'Espagne, avec laquelle elle avait tant de relations, s'appela *Provincia nova
hispania ulterior Tingitana;* il est possible que ce fût
sous le règne de Caracalla. L'arc de Volubilis date de cette
même époque, peut-être à l'occasion d'un voyage que cet
empereur fit avec sa mère dans ces régions. Des inscriptions recueillies à Banassa, dans la plaine du Sebou, portent
le nom de Gordien. En résumé, la Tingitane, rattachée
au diocèse d'Espagne et commandée par un *comes tingitanæ*, relevait directement du *magister peditum* (sorte
de ministre de la guerre) de Rome. Quant à son administration civile, elle était confiée à un *præses* obéissant, ainsi
que nous avons vu, au vicaire d'Espagne. Sous Constantin,
en 323, la Tingitane, rattachée à la préfecture des Gaules,
était sous l'autorité du préfet du prétoire des Gaules qui
était représenté dans la province par un *præses*. L'ancienne
organisation militaire relevant de Rome directement subsistait. Le *comes tingitanæ* avait sous son autorité un préfet de cavalerie et cinq tribus de cohortes, et aussi des corps
mobiles. Les chefs militaires dans la province avaient le
nom de *limitanei* et commandaient les postes de frontières. Sous le Bas-Empire, cette organisation dut subir de
profondes modifications, alors que l'empereur dirigeait tout
du fond de son palais, poussant la centralisation à ou-
trance, instituant les *curiosi* ou inspecteurs régionaux. —
A la suite du traité passé avec le comte d'Afrique, Boni-
face, les Vandales traversèrent le détroit et débarquèrent
en Tingitane au mois de mai 429. De suite, ils se mirent
en route vers l'Est, s'avançant en masse comme une trombe
qui détruit tout sur son passage, mais nous ne savons
presque rien du rôle que joua la Tingitane dans la constitution du royaume vandale et dans l'organisation de
l'Afrique vandale par Genséric. Ce que nous en ont dit les
auteurs porterait à croire qu'en Tingitane le territoire romain à cette époque finissait souvent à huit ou dix lieues
de la côte. Mais cette opinion ne saurait être admise sans
réserve. Les conséquences de la conquête vandale se firent
vraisemblablement sentir en Tingitane plus que dans le
reste de l'Afrique septentrionale, car, en ruinant les établissements que Rome y avait si admirablement développés
ou fondés, l'invasion par les ruines qu'elle sema profita
surtout à la population indigène pour regagner son indépendance. Après la mort de Genséric, une insurrection générale eut lieu, et, parmi les révoltés, il ne manqua certes
point de colons ruinés ou d'officiers persécutés en raison de
leur religion pour servir de chefs habiles et capables d'organiser la lutte. Au moment de l'expédition de Bélisaire on s'en
apercevra, lorsque, après avoir détruit ce qui subsistait de la

domination vandale, Byzance voudra redonner aux Mau-
rétains leurs limites anciennes, et l'élément berbère aura
alors reconquis peu à peu une partie des territoires aban-
donnés. Il n'apparaît pas que nulle part cette résistance ait
été plus vive qu'en Tingitane. Quoi qu'il en soit, la domination byzantine y fut plus étendue et peut-être même plus
profonde qu'on ne le croyait généralement, s'il faut en juger
par la grande masse des vestiges retrouvés au Maroc et datant de cette époque, bien que certains auteurs ne nous
donnent que Tanger et Ceuta comme seules places occupées
par les dignitaires de Byzance.

Justinien avait rétabli la Tingitane comme une des sept
provinces d'Afrique relevant du prétoire de Carthage. Reconnaissant, par l'expérience de l'invasion des Vandales et
par les mouvements menaçants des invasions de l'Europe
latine, l'importance du détroit de Gadès, il écrivait à Bélisaire : « Établissez complètement sur le passage qui est
vers l'Hispanie, et qu'on appelle Septa, des soldats avec leur
tribun, homme prudent et dévoué à notre Empire, de manière qu'il puisse toujours garder ces rivages et faire savoir
tout ce qui s'y passe. Vous ferez en outre établir dans ce
détroit des vaisseaux légers. » (Trad. d'Avezac.) C'est de
cette époque que semblent dater toutes les reconstructions
byzantines trouvées en Tingitane. Salomon, préfet du prétoire, après le départ de Bélisaire, releva les fortifications
de Septa et y bâtit une église (542). Malgré ces précau-
tions, les Visigoths d'Espagne traversèrent le détroit probablement sous le règne de Swinthilla (621-631) et s'établirent à Tanger. On sait en effet que, lorsque les Vandales
avaient laissé l'occident de l'Afrique s'échapper de leurs
mains, ce furent les Goths de la Péninsule qui en profitèrent pour prendre Septa. Par la négligence des Vandales,
les murailles se ruinèrent (Procope, *De Ædificiis*), puis
les Berbères en chassèrent les Goths. En 532, le roi Theu-
dus fit pour reprendre cette place une tentative malheureuse, et ce fut en réalité aux Berbères que les chrétiens
enlevèrent la ville quand ils en prirent possession pour la
seconde fois. Si nous en croyons l'auteur de la guerre
des Vandales, l'occupation byzantine à l'époque qui sui-
vit la déportation de Gélimer à Constantinople se borna
dans la Tingitane à Ceuta. On voit donc quel immense
espace restait en proie aux indigènes et à quels désordres
devait être exposé ce pays. Les chroniqueurs ignorent ce
qu'était l'Afrique et en particulier la Tingitane sous le
règne d'Héraclius (618), semé de tant de désastres. Toutefois des événements qui suivirent immédiatement la mort
d'Héraclius, en 641, ou plutôt celle de son fils Constantin III, on peut tirer la preuve que Ceuta était encore
sous la dépendance de l'Empire, quoique ce fût dans cette
ville qu'Héraclonas exila Philagrius. Quant à l'Afrique pro-

prement dite, elle était gouvernée par un certain patrice du
nom de Grégoire (Djoredjir) qui avait fait avec les indigènes une manière de pacte dont on ne connaît pas les
conditions, et qui répudia l'autorité de la métropole. Il
s'était érigé en souverain puisqu'il faisait frapper des dinars
à son effigie, et son autorité s'étendait de Tanger à Tripoli ;
il résidait à Sbeïtla. Telle était à peu près la situation dans
la septième année du règne de Constant II.

LE CHRISTIANISME EN TINGITANE. — Malgré les persécu-
tions, le christianisme avait fait de rapides progrès dans
tout le N. de l'Afrique, et la Tingitane, par sa proximité de
la Bétique, n'avait pas été tenue à l'écart de ce mouvement.
Ainsi que l'a fait remarquer Berbrugger, ce fut d'abord le
sang indigène qui coula pour la foi chrétienne, et c'est à
Tanger aussi qu'un centurion du nom de Marcellus est
martyrisé pour avoir refusé de porter les emblèmes païens.
Cependant, sous Dioclétien, en 303, le fameux édit de Nico-
médie ne fut pas exécuté dans l'Espagne et la Tingitane
(Mercier). Après la scission qui se produisit dans l'Église
et la formation du parti des donatistes, le mouvement
s'étendit jusqu'en Tingitane, et là encore nous devons
trouver une des manifestations de l'esprit d'indépendance
des Berbères. Si la plupart des Africains ont embrassé le
christianisme, ils ne l'ont jamais fait avec autant de zèle
que quand il était une religion persécutée par les empe-
reurs. Dès qu'il est devenu la religion officielle, de suite
ils cherchent à se distinguer du peuple conquérant en prati-
quant des formes de christianisme à eux, en versant dans
l'hérésie. Le schisme donatiste est une des formes de la
résistance berbère contre l'orthodoxie impériale, et il en
sera de même quand se sera répandue la doctrine du Libyen
Arius, vers 320. Au commencement du v° siècle, les
schismes, les hérésies s'étant multipliés, la rage des Cir-
concellions détruira toute la belle colonisation des campagnes en Tingitane, préparant comme la venue d'autres
occupants. Quoi qu'il en soit, la persistance du christianisme fut au Maroc assez grande. Contre les conquérants
musulmans, les Berbères agiront encore avec la même indépendance. Longtemps ils résisteront à la propagande de
l'islam. El-Bekri a eu soin de nous apprendre les difficultés
que l'apôtre Salah-ibn-Mansour rencontra en convertissant
les Sanhadja et les Ghomara. Avec eux étaient les Beni-
Hamed, les Metioua, les Beni-Nal, les Ar'saoua, les Beni-
Zeroual, les Medjkassa et une partie des Tamsaman.
Au surplus, l'auteur du Roudh el-Kartas nous apprend
qu'au moment de son apostolat Edris eut surtout à combattre les Berbères chrétiens, tant était répandue la religion. Nous en pouvons du reste juger par la longue liste
des évêques de la Tingitane qui relevaient du siège de

Carthage. Au moment de la conquête arabe, il faut citer
certaines tribus, comme les Ghyàtsa et les Mediouna, qui
professaient le judaïsme. Mais quand, de guerre lasse, les
Berbères auront enfin accepté l'islam, nous les verrons
encore chercher à se distinguer de leurs nouveaux maîtres
par l'adoption de sectes hérétiques : le kharédjisme, le
chyisme, l'ibadisme, le çofrisme, qui eurent longtemps parmi
les adeptes de la nouvelle religion la même fortune qu'autrefois le donatisme ou l'arianisme. Ce ne sera qu'à la fin
et après la longue et patiente propagande des missionnaires isolés ou des tribus dites Cheurfa, que l'orthodoxie musulmane pénètrera insensiblement dans la masse
de la population autochtone.

LA CONQUÊTE MUSULMANE. — L'islamisme avait commencé
à étendre ses conquêtes au dehors de l'Arabie, vers l'époque
où la domination byzantine s'éteignait dans l'Afrique
septentrionale. Affaiblie par le schisme des donatistes
et par les fréquentes révoltes des indigènes, brisée ensuite
par les Vandales, l'autorité des césars y avait reçu un coup
fatal, et bien qu'elle fût relevée par l'habileté de Bélisaire
et soutenue pendant quelques années par les armes de
Salomon et de Jean Troglita, elle penchait vers sa ruine
définitive à l'époque où nous commencerons notre résumé
historique. Les populations de race latine s'étaient concen-
trées autour de leurs places fortes, après avoir abandonné
leurs riches campagnes aux Berbères ; plusieurs villes de
premier rang venaient d'être évacuées, et, depuis l'an 618,
l'importante province de la Tingitane était tombée aux
mains des Goths d'Espagne. Dans leur deuxième expédition
en Afrique, les Arabes n'avaient pas atteint le Maghreb el-
Acsa. El-Mohadjer s'était en effet arrêté aux environs de
Tlemcen, lorsque Koséïla, le chef des Aureba, avait revêtu
les apparences de la conversion. Ce fut en 682 qu'Ocba-
ibn-Nufé franchit la Molouïa et arriva devant Ceuta où
résidait le comte Julien (*comes Julianus*) qui en était
gouverneur au nom de Constantin IV. Il avait le titre de
seigneur d'El-Djazirat el-Khadra (Algésiras), Ceuta et
autres lieux, et son autorité s'étendait sur le pays voisin
qu'occupaient les Ghomara. On sait l'accueil réservé par
Julien au conquérant. Sorti au-devant des musulmans avec
des présents magnifiques, il fit sa soumission et en obtint
la confirmation dans son gouvernement. Ocba marcha ensuite sur Tanger qui fut emportée après une résistance
acharnée des Berbères, et, se dirigeant vers le Sud, le
conquérant s'empara d'Oualili, cité prospère et renommée
au loin, l'antique Volubilis de la domination romaine, occupée alors par les Berbères chrétiens de cette région ;
puis, continuant son œuvre, Ocba franchit l'Atlas et on le
vit dans le Sous el-Acsa entrer à Idjli ou Taroudant. Les

captives qu'il fit étaient si belles que les chroniqueurs
arabes (El-Bekri, En-Nouaïri, Ibn-Khaldoun, El-Kairouâni)
nous en ont dépeint les charmes. Il remonta vers le Nord,
repassa la Molouïa et fut tué à Tahouda. Telle fut re-
tracée à grands traits la première apparition des Arabes au
Maroc. Leur domination était plutôt annoncée qu'établie,
car la mort d'Ocba rendait à son vainqueur Koséila toute
sa puissance. Il semble que ce soit vers 705 que Moussa-
ibn-Noséir ait reçu d'Abd-el-Aziz le commandement de
l'Afrique et qu'il ait alors commencé la conquête du Maghreb
jusqu'à Tanger, l'étendant plus tard jusqu'à l'Espagne.
De Tanger, il envoya deux généraux vers la contrée où
devait dans la suite s'élever Fez, et où ils firent un grand
massacre des gens de la tribu des Aureba. Le bruit de ce
carnage s'étant répandu au loin, le nom seul de Noséir ne
tarda pas à inspirer la terreur, et les historiens arabes
nous représentent les Berbères, quoique découragés, combattant avec la même vaillance, presque toujours vaincus,
tandis que Moussa parvient jusqu'au Sous el-Adna. La ville
de Tanger fut alors repeuplée avec des otages provenant de
la tribu des Masmouda ; une garnison de Berbères bien
armés et bien approvisionnés y fut laissée en toute confiance, car ils avaient embrassé l'islamisme. A cette même
époque, il convient de placer la défense de Ceuta par le
comte Julien. Attaqué, il se défendit avec vaillance, prou-
vant la bravoure de ses troupes aux musulmans surpris de
tant de résistance. Sur ces entrefaites, le roi d'Espagne
Witiza mourut et Roderic monta sur le trône. On prétend
que Julien, outragé par ce dernier dans l'honneur de sa
fille qui, suivant la coutume de la cour des Goths, était
élevée au palais de Tolède, aurait conclu un traité avec
Moussa aux termes duquel il ouvrait aux Arabes les portes
de ses villes et leur assurait aussi le passage du détroit
pour débarquer dans la péninsule. Quoi qu'il en soit, il
servait ainsi la cause des parents et des créatures laissés
par Witiza contre Roderic. En 709-710 eut lieu la première expédition des musulmans en Espagne. Ils débarquèrent, sous la conduite de Tarik, sur la plage de Tarifa.
La mesure était habile, car elle détournait vers l'autre rive
du détroit l'ardeur guerrière des Berbères, ce qui permit
aux Arabes de venir à bout de cette race vaillante. Plusieurs émirs succédèrent à Moussa-ibn-Noséir dans le difficile gouvernement du Maghreb ; le siège de leur pouvoir
était à Kairouan. L'un d'eux, voulant compléter la soumission des Berbères dans le Sous aussi bien que dans la
province de Tanger, confia, en 739, la conduite d'une
grande expédition au fils d'Ocba-ibn-Nafé, tandis qu'il
dirigeait Omar-ibn-Obeïd-Allah vers le détroit. Les populations se soulevèrent en masse et battirent les Arabes.
L'insurrection se propagea ; l'armée des émirs fut battue

par Khaled sur les bords du Sebou, et les populations du Maghreb se trouvèrent livrées à elles-mêmes. Les adversaires les plus redoutables des gouverneurs arabes allaient être les docteurs schismatiques qui se propagèrent vers cette même époque. Telle cette doctrine du kharédjisme que les Berbères embrassèrent d'autant plus ardemment qu'en l'adoptant ils avaient le droit de repousser la domination arabe tout en gardant l'islam. C'est ainsi qu'ils proclamèrent *khalifes et encore imâms ou chefs de la religion,* émirs el-moumenin ou commandeurs des croyants des chefs élus par eux, choisis dans leur race et dont le mérite était de combattre les étrangers. Le kharédjisme, simple protestantisme en Orient, devenait donc dans l'extrême Occident un drapeau politique, véritable symbole d'affranchissement et de nationalité, et c'est là une des clefs de l'histoire un peu obscure et confuse de la lutte entre les deux races : ainsi autrefois le donatisme ou l'arianisme contre le christianisme de Byzance. *L'anarchie qui s'ensuivit permit aux Berbères de l'Ouest d'établir deux dynasties indépendantes;* l'une fut fondée par Abderraman-ibn-Roustem à Tiaret en 774; l'autre, la seule qui intéresse l'histoire du Maroc, est celle des Beni-Midrar ou dynastie miknasienne des Beni-Ouassoul; elle eut pour siège la ville et l'oasis de Sidjilmassa vers l'an 757 et elle prit fin en 963.

Depuis un siècle et demi, la puissance des khalifes d'Orient était représentée dans l'Afrique septentrionale par les émirs siégeant à Kaïrouan; mais, diminuée insensiblement *quoique sûrement par l'établissement des dynasties berbères,* la puissance arabe abandonne le Maghreb el-Acsa, tandis que cette autre forme de la religion musulmane et plutôt berbère achève le mouvement; c'est alors qu'Obeïd-Allah, descendant d'Ali et de Fâtima, fonde la dynastie fâtimite. Il chasse les émirs dits Aghlabites (909) et conquiert tout le pays depuis les Syrtes jusqu'au milieu du Maroc; mais, tandis que la nouvelle dynastie devient orientale par la conquête de l'Égypte (973), le Maroc est en partie et à nouveau conquis, converti, administré par les *Edrisides, de 788 à 985.* Leur nouvelle dynastie s'y établit consacrant la perte définitive de cette contrée pour le khalifat. Nous en retracerons les phases principales.

Après les luttes qui marquèrent en Arabie le lendemain de la mort du khalife Ali, gendre du prophète, ses partisans avaient vainement essayé d'obtenir le trône à ses enfants. La dynastie omeyyade s'était fondée; mais les Alides, ayant formé une *manière d'association secrète,* n'avaient cessé d'attendre le moment de reconquérir le pouvoir; plus tard, quand ils furent vaincus et anéantis à *la bataille de Fekh* (787), un oncle d'Hosein, du nom d'Edris-ben-Abdallah, s'étant échappé grâce au zèle de son affranchi

Rached, réussit à gagner les contrées lointaines du Maghreb. Après avoir séjourné à Tanger, il gagna les montagnes du Zerhoun habitées alors par les Aureba et y fut
si bien accueilli par leur chef, Abou-Leïla-Ishak, qu'il
s'établit dans la ville d'Oulili. Vers la fin de 788, Edris
ayant obtenu l'appui des Ghyiâtsa, des Maghila, des Miknasa et d'une partie des Ghomara, se déclara indépendant et étendit son autorité sur une grande partie des populations d'alentour, dont plusieurs avaient conservé leurs
croyances chrétiennes ou juives. Les ayant forcés à embrasser l'islamisme, il franchit la Molouïa, atteignit Tlemcen où
l'on raconte qu'il jeta les fondations de la grande mosquée,
puis revint aux rivages de l'Atlantique où il s'empara de
la ville de Chela ou Sla. Le nouveau pouvoir était dès lors
fondé. Edris mourut empoisonné par les soins du khalife
d'Orient qui, redoutant le développement de cette puissance, lui avait envoyé le traître Ech-Chemmakh. Il fut
enterré dans une des gorges du djebel Zerhoun, en face
d'Oulili, en 793, et, de nos jours, son tombeau est encore
l'objet d'une sainte vénération. Il laissa un fils posthume,
Edris-Seghir ou Edris II, qui fut élevé par les soins du
fidèle Rached, tandis que son oncle Soleïman exerçait le
pouvoir en son nom à Tlemcen. Rached ayant été assassiné
par un émissaire du khalife, les Berbères témoignèrent leur
dévouement au jeune Edris en lui prêtant serment dans la
mosquée d'Oulili, en 803. Ce prince, voyant chaque jour
son autorité s'étendre et sa résidence devenir insuffisante,
résolut de fonder une grande cité, et, en 803, il choisit à
cet effet le territoire que traversait un petit affluent du
fleuve Sebou. C'est là que s'élevèrent les premières constructions de Fez, destinée à devenir une des villes les
plus fameuses du N. de l'Afrique. La plus grande partie
du règne d'Edris-Seghir se passa à soumettre les tribus
masmoudiennes et certaines des populations de l'Atlas ; ce
prince parcourut ensuite le Sous et combattit le kharédjisme, dont il avait décrété l'abolition. Il confia de
grands commandements aux chefs des Aureba, désireux
de leur faire oublier les rigueurs du début de son règne
et qui avaient été contraires à la politique de son père.
Ayant repris Tlemcen, qui s'était affranchi de son autorité, il s'avança jusqu'au Chélif et passa trois années ainsi
dans l'E. de ses Etats. Peu avant la fin de son règne,
il recueillit 8,000 musulmans expulsés d'Andalousie par
El-Hakem à la suite d'une révolte, et il les établit dans sa
capitale, où cette population, d'origine celto-romaine, po-
licée et intelligente, contribua à la prospérité de la nouvelle ville. Edris II mourut en 828, à l'âge de trente-trois
ans, étouffé par un grain de raisin. Il laissait un empire
qui comprenait à peu près le Maroc actuel et s'étendait
dans l'E. jusqu'à la Mina ; mais, dans la vallée de l'ouâd

Ziz, les Miknasa régnaient en maîtres, et la dynastie des
Beni-Ouassoul à Sidjilmassa protégeait ouvertement le kharédjisme. Edris laissait douze fils, et l'aîné d'entre eux,
Mohammed, lui succédait à Fez, mais il ne tarda pas à
fractionner l'empire en neuf commandements, dont le démembrement amena de longues luttes qui furent fatales à
la dynastie, la guerre ayant éclaté et s'étant généralisée.
Parmi tous ces princes, Omar, qui paraissait avoir hérité des
qualités guerrières du père, mourut prématurément en 835;
l'année suivante, un autre fils, Mohammed, cessa également de vivre, mais il laissait à Fez un fils nommé Ali
auquel les Berbères Aureba prêtèrent serment de fidélité.
Quant aux autres, ils régnèrent assez obscurément dans
leurs provinces et nous n'entrerons pas dans le long et
fastidieux détail des luttes qu'ils engagèrent entre eux.

Vers 910, la grande tribu des Miknasa profitant de
cet affaiblissement de la dynastie édrisite avait soumis
toute la contrée comprise entre Taza, Tesoul et la frontière orientale du Maghreb el-Acsa. Dix ans plus tard, le
chef des Miknasa assiégeait Fez et forçait le descendant
d'Edris, Yahia-ben-Edris, à reconnaître la suzeraineté du
sultan fâtimite. L'année suivante, Yahia est interné à Asilah,
et Messala, le chef miknasien, s'empare de ses trésors. Après
la mort de Messala, un prince édrisite, El-Hasan, releva
toutefois le prestige de sa famille; il s'empare de Fez, en
chasse le gouverneur, Rihan le Kétamien, et complète son
succès par la victoire de Taza sur les Miknasa. Mais ce
triomphe est de courte durée, car, victime peu après d'une
sédition, il est jeté en prison et meurt misérablement, le
pouvoir restant cette fois-ci aux Miknasa. En 931, le
khalife d'Espagne enlève Ceuta, grâce à un coup de main;
cette ville tenait encore pour la famille d'Edris, et sa perte
est vivement ressentie par les derniers représentants de
cette dynastie. Sur ces entrefaites, Moussa-ben-Abou l'Afia,
chef des Miknasa, devenu maître de Fez, s'efforce de con-
quérir les places du Rif demeurées fidèles aux descendants
d'Edris; leur capitale y était une place réputée inexpugnable,
Hodj en-Neser; il pille Nokour et, étendant son action vers
l'E., il entre en vainqueur à Tlemcen. Il entame des pour-
parlers avec les Omeyyades devenus maîtres de Ceuta;
il répudie la suzeraineté fâtimite pour laquelle il avait
jusqu'alors combattu. Cette défection devait lui être fatale.
En 933, une armée fâtimite s'étant mise en route vers le
Maghreb el-Acsa, Moussa est vaincu à la bataille de Nes-
soun, non loin de Taza, et doit se réfugier dans la ville de
Tesoul, où les Edrisites, profitant de sa défaite, viennent
l'attaquer. Fez abandonné se livre aux Fâtimites, dont
l'autorité est représentée par Hamed-ben-Hamdoun. Grâce
aux luttes qui suivirent ces événements, les Edrisites conso-
lidèrent le pouvoir qu'ils avaient recouvré à la suite de leur

alliance avec les Fâtimites; en 936, El-Hasen-Kennoun, chef de la dynastie, s'empare d'Asilah, tandis que son cousin Hasen rentre vainqueur à Tlemcen. Ce prince étant mort en 949 fut remplacé par son fils, Abou l'Aich-Ahmed, surnommé El-Fadel ou l'Homme de mérite, qui entretenait des relations avec la cour omeyyade et rompit par la suite avec les Fâtimites; puis, les autres Edrisites imitant son exemple, tout le N. du Maroc se trouva placé sous la domination du souverain de l'Espagne musulmane, qui réclama aussi Tanger et Ceuta. Fez reçut alors un gouverneur envoyé au nom du khalife. Seule, l'oasis de Sidjilmassa, où régnait un Miknasien des Beni-Ouassoul, refusa de suivre l'exemple. En 951, leur armée omeyyade, envoyée dans le Rif, s'empare de Tanger et force El-Fadel à la soumission que le khalife d'Espagne ne jugeait ni assez prompte ni assez complète. Au cours des interminables luttes qui s'établirent alors entre les Fâtimites et les Omeyyades, le chef des premiers réussit, à force de persévérance et à la seconde tentative, à s'emparer de Fez. La ville, livrée au pillage, est dotée d'un gouverneur. Djouher, le chef de l'armée, se rend au Rif, soumet les Edrisites qui font amende honorable et se trouvent, au nom des Fâtimites et répudiant leur alliance omeyyade, confirmés dans leur possession de cette contrée et du Ghomara avec la ville de Basra (aujourd'hui détruite [entre Ouazzan et Alkasar el-Kebir]) comme résidence. En 959, à son retour à Kairouan, le général fâtimite traînait à sa suite, enfermés dans une cage de fer, le souverain qu'il avait détrôné à Sidjilmassa et l'infortuné gouverneur de Fez. Ces résultats devaient être bien fragiles; tandis que le khalife fâtimite est absorbé par la guerre de Sicile, le Maghreb, à peine reconquis et livré à lui-même, retourne peu à peu aux Omeyyades, dont l'action gouvernementale est plus voisine. Sidjilmassa répudie les Fâtimites, et les Edrisites dans le Rif, comblés de cadeaux par les souverains d'Espagne, se font les champions des Omeyyades jusqu'au moment où ils abjurent à nouveau leur parti devant la rapide et brillante campagne de Bologguine qui avait reçu à Kairouan l'investiture. Après le départ des Fâtimites, quand El-Moezz se fixa au Caire, les Omeyyades en profitèrent pour regagner le terrain perdu. La destruction de l'empire édrisite fut décidée par le khalife écœuré de tant de lâcheté; la résistance fut cependant plus dure qu'on ne l'avait prévu à la cour de Cordoue. Une armée, débarquée à Ceuta, fut d'abord défaite, mais le dernier prince édrisite, El-Hasen, se voit forcé d'abandonner sa capitale de Basra; il fuit au Ksar-Masmouda et se réfugie enfin à Hadjera en-Neser avec son trésor. Il ne tarde pas à devoir se rendre, accablé sous le nombre croissant des assiégeants; il a la vie sauve (oct. 973). Ainsi disparut ce qui restait de

l'empire édrisite. Tous les descendants d'Edris furent re-
cherchés et emmenés à Cordoue où ils vécurent d'une pen-
sion ; plus tard, on les dirigea vers Alexandrie où le
souverain fâtimite les recueillit. Il est superflu d'entrer
ici dans le long détail des luttes qui se continuèrent au
Maghreb, notamment quand l'Edrisite El-Hasen-ben-Kan-
noun, s'enfuyant d'Egypte, rentrait (984), s'alliait aussitôt
avec les chefs des Beni-Ifren et concluait un traité contre
les Omeyyades. Dès lors c'est une guerre de partis dont
l'écheveau est singulièrement compliqué. El-Hasen vaincu
est mis à mort. En 994, Ziri, chef des Maghraoua dévoués à
cette époque aux Omeyyades d'Espagne, ayant jugé des
inconvénients stratégiques qu'offrait la position de la ville
de Fez comme capitale, fonda, près de l'ouàd Isly, la ville
d'Oudjda. Ce même Ziri ne tarda pas à entrer en lutte avec
les Omeyyades et ne fut vaincu définitivement qu'après deux
expéditions en l'an 1000, époque où il fit sa soumission.
Son fils, El-Moezz, fut nommé en 1006 gouverneur du
Maghreb par les Omeyyades et s'établit à Fez.

À la chute des Omeyyades qui régnaient depuis trois
siècles et à qui l'empire musulman doit une si grande gloire,
la lutte s'établit au Maroc entre les Maghraoua et les Beni-
Ifren. El-Moezz, fils de Ziri, ayant voulu arracher Sidjilmassa des mains des Beni-Khazroum qui s'y étaient décla-
rés indépendants, avait été défait et contraint de rentrer à
Fez après avoir perdu son armée en 1016. Dès lors la puissance des Maghraoua fut contre-balancée par celle de leurs
contrées du Sud ; la vallée de la Molouïa ne tarda pas à
relever de Sidjilmassa ainsi que la petite ville de Sefrou,
toute voisine de Fez. En 1026, sous le successeur d'El-
Moezz, Hammama, les Maghraoua reprennent d'abord le dessus, mais en 1033 leur chef doit se réfugier à Oudjda avant
de pouvoir rentrer à Fez. Après sa mort, Fez redevint le
théâtre des luttes sans fin où s'exerça la puissance des Maghraoua. Comme en Sicile, comme en Espagne, la division
des musulmans au Maghreb el-Acsa allait avoir les conséquences les plus graves en favorisant l'arrivée d'un nou-
vel élément ethnographique.

LES ALMORAVIDES (de 1055 à 1120 ou 1128). — Des
Lomta et des Lemtouna voilés, ancêtres de nos Touareg, qui
campaient d'ordinaire le long du Sénégal et dans les vastes
espaces sablonneux du Sahara, ayant connu l'islamisme,
entreprirent de faire partager leurs croyances les armes à la
main, d'une part aux populations païennes du N. du Soudan
et du S. du Sénégal, de l'autre à toutes les tribus marocaines
plus ou moins suspectes d'ignorance ou d'hérésie. De leur
surnom d'El-Morâbetin (les religieux), les Espagnols, ces
grands défigureurs d'appellations historiques, ont fait Almoravides qui leur est resté. Ils ne connaissaient d'autres

montures, même pour la guerre, que les chameaux de course,
vivant sobrement du lait et de la chair de leurs animaux ;
ils atteignaient un âge très avancé. Ils sortaient de la vieille
race berbère et sanhadjienne. Les nouveaux sectaires étaient
animés d'un esprit de vengeance et de cupidité très accusé
contre tout ce qui s'était élevé dans le N. de l'Afrique. Leur
première expédition est de l'an 1053. Elle n'avait d'autre
but que d'enlever aux Maghraoua un parc de 50,000 chameaux à Sidjilmassa ; ils y laissèrent des gouverneurs
almoravides. Mais. le succès de l'entreprise enflamma et
encouragea l'ardeur de ces ravisseurs, et dès 1056 le cheikh
des Almoravides, un certain Abou-Bekr-ibn-Omar, les
ramena vers le Nord, en les conviant à la conquête du pays
tout entier, que devait favoriser l'anarchie complète qui
y régnait alors. Les Maghraoua, Ifren et Miknasa s'y
disputaient le pouvoir; l'influence de Cordoue avait disparu depuis la chute des Omeyyades. A Tanger commandaient les Edrisites Hammoudites, et à Sidjilmassa régnaient les Beni-Ouanoudin-ben-Khazroum. Dans l'Atlas
la tribu des Masmouda était prépondérante, tandis que les
Berghouata où dominait le schisme de Younos vivaient dans
l'indépendance. S'étant donc emparés, en 1056, des villes
de Mussa et de Taroudant, les Almoravides franchirent
l'Atlas et occupèrent en 1059 la grande et prospère cité
d'Aghmat, capitale de la contrée, qui obéissait à un prince
zénatien du nom de Lerhout. Les ruines très frustes
d'Aghmat se voient encore de nos jours à une petite distance de Merrakech. Abou-Bekr, le chef des Almoravides,
épouse ensuite la veuve de ce Lerhout, la belle Zeïneb,
originaire du Nefzaoua, femme d'une grande intelligence
et que les chroniqueurs arabes appellent la Magicienne.
Puis la conquête s'étendit au N. de l'Atlas parmi les Masmouda, et au Tadela, région qui obéissait à une fraction
des Beni-Ifren. Cependant la résistance devenait de plus en
plus vive; aussi bien les conquérants n'avaient eu à faire
jusque-là qu'à des nègres idolâtres ou à des musulmans
chyites; ils allaient rencontrer en montant vers le Nord des
schismatiques semblables à ceux du faux prophète, Salah-
ben-Tarif, qui leur avait composé un Coran en langue berbère, modifiant à son gré les prescriptions islamiques. Dans
un combat, le chef des Almoravides, Ibn-Yacin, périt en
1059. Abou-Bekr, son successeur, réussit cependant à
entraîner à nouveau les Almoravides contre les hérétiques,
et cette fois les Berghouata furent définitivement vaincus;
il y eut dans tout le pays un grand carnage de Beni-Ifren ;
mais, une révolte ayant éclaté au Soudan, le conquérant
est obligé d'abandonner le commandement à son cousin
Yousef-ben-Tachfin. A cette même époque le Hammadite
Bologguine reparaît dans le N. du Maroc qu'il envahit et
s'empare de Fez où les descendants de Ziri-ben-Atiya ache-

vaient d'user leurs forces en des luttes intestines. Après
le départ d'Abou-Bekr, les Almoravides poursuivirent
leur marche sous la conduite d'Yousef qui avait épousé la
belle Zeïneb. Ce dernier fonde dans la plaine qui s'étend au
pied septentrional de l'Atlas, en une admirable situation,
la ville de *Merrakech* (V. ce mot), puis il organise une re-
doutable armée où marchent, à côté des Almoravides, des
Guezoula, des Masmouda et même des Zenetes. En 1063,
il s'empare de Fez et de toutes les places de la vallée de
la Molouïa, puis il dompte les Ghomara du Rif, et il se
dispose à assiéger Tanger quand une révolte le rappelle
soudain à Fez. La répression fut terrible, car tous les
hommes valides furent passés au fil de l'épée. Sauf Tanger
et Ceuta, tout le pays marocain appartenait aux Almoravides. Leur puissance va grandir sans cesse et, vers 1085,
El-Motamed, le souverain des musulmans d'Espagne, poussé
par son fils, Rechid, se décidera à les appeler pour résister aux progrès des armes d'Alphonse VI après la prise de
Tolède. Comme prix de son concours, Yousef-ben-Tachfin
exige Algésiras et l'aide d'El-Motamed afin de s'emparer
de Tanger et de Ceuta, places auxquelles il ne tardera
pas à joindre la possession du Rif et de Tlemcen. Tout
le Maghreb lui obéissant, il franchit le détroit avec ses
troupes. Le 30 juin 1086, il débarqua à Algésiras; son
armée offrait, nous dit-on, le plus bizarre assemblage; à
côté des Africains, Arabes, Berbères, nègres et nomades du
Sahara à la figure voilée, marchait un corps de mercenaires
et d'esclaves chrétiens bardés de fer. On y voyait même une
troupe espagnole que commandait un certain Garcia Ordo-
ñez, et pour la première fois on vit des chameaux dans le
pays. Le récit de cette expédition faisant partie de l'histoire de l'*Espagne* (V. ce mot), nous reviendrons aux
affaires du Maroc qui étaient alors abandonnées à la direction des fekih et où un puritanisme rigoureux pesait sur la
religion. La puissance almoravide touchait à son apogée; elle
embrassait un des plus vastes empires qui aient existé, des
rives de l'Ebre et des Baléares jusqu'au delà du Niger. Avant
de mourir à Merrakech à l'âge de cent ans, dans la ville qu'il
avait bâtie et où se voit encore son tombeau, Yousef avait
pris le titre glorieux de commandeur des croyants, *émir
el-moumenin;* il avait été le véritable fondateur de la
dynastie almoravide.

Son fils, Ali-ben-Yousef, lui succéda et régna trente-six
ans (1106-43). Ses commencements furent heureux; il passa
plusieurs fois en Espagne y faire la guerre aux chrétiens.
Sous son règne, son fils Temim se distingua à la victoire
d'Uclès (29 mai 1108), où périt don Sanche, le fils unique
d'Alphonse VI de Castille. Mais à partir de ce moment la
fortune des Almoravides décline, tandis que dans la chaîne
de l'Atlas se lève la puissance d'Ibn-Toumert, l'apôtre al-

mohade. On assistera à un mouvement populaire analogue à
celui qui avait porté les Almoravides au trône du Maroc.
Ibn-Toumert avait réuni en confédération religieuse plusieurs tribus des Masmouda ; il se donnait pour le mahdi
ou le guide de Dieu. Pauvre et misérable, il soulevait ces
populations par ses prédications enflammées ; blâmant le
relâchement des mœurs, il s'élevait contre les docteurs et
les grands. Au fond il professait les théories sunnites en
voulant ramener l'islamisme aux doctrines des premiers
siècles. Croyant à l'unité absolue de Dieu dans son essence et
dans sa nature, il donna à ses adeptes le nom d'Almohades
(Almohadoun), ou unitaires, par opposition aux tendances
anthropomorphiques des Almoravides. Ce fut encore une
secte qui fonda un empire ; la réforme religieuse suscitait
un nouveau conquérant qui allait profiter des embarras des
Almoravides. Ibn-Toumert meurt après la défaite de ses
troupes sous les murs de Merrakech, mais son œuvre est
continuée par son disciple Abd-el-Moumen qui ne tarde
pas à détruire la puissance de la dynastie almoravide où
Ali eut pour successeur son fils, Tachfin, qui périt à Oran
durant sa lutte contre les Almohades (1146-47). Ibrahim
remplace Tachfin son frère, mais il est déposé pour son
incapacité. On appela alors au pouvoir Ishak, fils d'Ali-ben-
Yousef, qui ouvre les portes de la ville de Merrakech à
Abd-el-Moumen et que le conquérant almohade fait mas-
sacrer (1147). L'Espagne envahie ne tarda pas elle-même à
reconnaître l'autorité des Almohades. Telle est la fin de la
puissance des Almoravides, fondée moins d'un siècle auparavant par des sauvages du désert sous la conduite d'un
homme de génie.

Chronologie des souverains almoravides. Abou-Bekr-
ben-Omar, vers 1055 ; Yousef-ben-Tachfin, 1061 ; Ali-
ben-Yousef, 1106 ; Tachfin-ben-Ali, 1142 ; Ibrahim-ben-
Tachfin, 1146 ; Ishak-ben-Ali, 1147.

Les Almohades (de 1128 à 1266-69). — L'organisation
militaire des Almoravides avait été trop solidement déve-
loppée pour que la conquête almohade ne rencontrât dans le
Maroc des difficultés sérieuses. Les luttes seront souvent
longues et meurtrières. Tlemcen ne succombe qu'après
un siège de sept mois ; de même Fez. Quant aux habitants
de Ceuta et de Tanger, ils s'empressèrent d'adresser leur
soumission à Abd-el-Moumen qui commençait devant Mequinez un siège qui devait durer sept ans. Maître du
Maghreb, le souverain almohade eut, peu de temps après,
une révolte étendue à dompter. Après avoir rétabli l'ordre
à Sidjilmassa, il marcha contre Salé et Ceuta dont les
habitants avaient massacré leurs gouverneurs. Après une
grande expédition poussée jusqu'à Bougie, Abd-el-Moumen
divisa son empire en plusieurs grands commandements. Le

sid Abou-el-Hasen fut nommé à Fez, le sid Abou-Hafs à
Tlemcen, le sid Abou-Saïd à Ceuta, et le sid Abou-Moham-
med à Bougie, chacun d'eux ayant un conseiller sûr pris
parmi les fidèles Masmouda. Abou-Abdallah-Mohammed,
son autre fils, fut désigné comme héritier présomptif, mais
ces dispositions de dynastie héréditaire blessaient la famille
du mahdi qui prétendait avoir des droits directs au trône ;
une révolte éclata alors au Maroc, mais les Almohades
eurent le dessus. Leur puissance était à leur apogée ; Abd-
el-Moumen avait commencé la conquête de l'Ifrikia et venait de s'emparer de Tunis en pourvoyant de gouverneurs
almohades les principales villes de cette contrée. Sur la
fin de son règne, il passa encore en Espagne et battit Alphonse en Portugal sous les murs de Badajoz. Il mourut
à Salé en 1163 après avoir pris le titre de commandeur des
croyants. Il demeure une des plus grandes figures de l'histoire
de l'Afrique du Nord. Parmi les créations qu'on lui attri-
bue il convient de citer l'impôt foncier en remplacement de
la kebala ou gabelle qui frappait les objets de consomma-
tion. El-Kairouâni a écrit qu'il fit arpenter tout le sol de
l'Afrique, de Barka au Sous. Il adopta pour ses monnaies
la forme carrée ; celles des Almoravides étaient rondes. Les
pièces almohades portent la légende : « Allah est notre Dieu,
Mohammed notre Prophète, et le mahdi notre Imâm. »
De même que la vie du mahdi offre de multiples analogies
avec celle d'Ibn-Yacin, l'inspirateur des Almoravides, il
existe aussi une grande similitude entre le rôle historique
d'Abd-el-Moumen et celui d'Ibn-Tachfin. Toutefois ce
dernier ne fut qu'un barbare dont l'audace remplaçait le
génie, tandis que le fondateur de la dynastie almohade
révéla une profonde politique et une grande culture intellectuelle.

Son fils, Abou-Yakoub-Yousef, lui succéda et fut bien
accueilli par le cheikh Abou-Hafs auquel Abd-el-Moumen avait donné le royaume de Tlemcen. Une grave rébellion éclata peu après chez les Ghomara ; le khalife lui-
même dut se mettre à la tête des troupes pour en venir
à bout. Afin de mieux surveiller le Rif, Abou-Yakoub
créa un commandement à Ceuta qu'il confia à son frère,
Abou-Ali-el-Hasen. Sa lutte contre le roi de Léon, Ferdinand, et aussi contre le roi de Portugal, retint durant
cinq années le khalife en Espagne. A son retour il trouva
le Maghreb ravagé par une peste affreuse. Après une expédition dans l'Ifrikia où des troubles avaient éclaté, Abou-
Yousef repassa en Espagne où il mourut des suites de
blessures qu'il reçut au siège de Santarem le 13 juil. 1184.
La défaite de Santarem marque le commencement de la
décadence almohade, bien que le règne d'El-Mansour ait
encore de la gloire. Un des dix-huit fils d'Abou-Yakoub
lui succéda ; il s'appelait Abou-Yousef-Yakoub et on le sur-

nomma plus tard El-Mansour ou le Victorieux. Avant de rentrer au Maroc, il vengea la mort de son père, et la grande révolte que suscita Ali-ben-Ghania, prince des Baléares, qui était d'une famille alliée aux Almoravides, le força d'aller guerroyer dans l'Ifrikia. Il reprit aux insurgés Bougie, Miliana et Alger, fit lever le siège de Constantine, tandis que le rebelle vaincu s'enfuyait à Tripoli. Plus tard, dans une seconde révolte, El-Mansour porta la lutte jusqu'à Tunis, et en 1187 les troupes almohades enlevèrent Gafsa. El-Mansour s'attacha ensuite à combattre les Arabes qui avaient participé à ce mouvement insurrectionnel et les fit transporter au Maghreb. Ainsi l'élément arabe était fixé au cœur de la race berbère, et son établissement allait y devenir un prétexte à troubles incessants et une cause d'affaiblissement pour l'empire almohade. Au moment où El-Mansour se mettait en marche contre une nouvelle révolte dans l'Ifrikia, il fut forcé de passer en Espagne afin d'y combattre le roi de Castille. Il y remporta la victoire à Alarcos, mais sans avoir pu s'emparer d'Alphonse VIII. roi de Castille, et, après avoir vainement assiégé Tolède, il dut se borner à ravager Salamanque. El-Mansour mourut à Rabat le 23 janv. 1199. Son fils, Abou-Abdallah-Mohammed, lui succéda. On dit qu'avant de s'éteindre il se reprocha les trois fautes : d'avoir introduit les Arabes d'Ifrikia dans le Maghreb, d'avoir bâti la ville de Rabat pour laquelle il avait épuisé le trésor, et enfin d'avoir rendu la liberté aux prisonniers d'Alarcos qui devaient plus tard reprendre les armes. On doit à Mansour des édifices magnifiques et grandioses, qui sont parvenus jusqu'à nous, parmi lesquels il convient de citer : la mosquée de la Koutoubia, à Merrakech, la tour dite de Hasan à Rabat, et enfin le minaret de la grande mosquée de Séville devenue la giralda de la cathédrale. Le règne du nouveau khalife, qui prit le nom d'En-Naser-li-din-Allah, devait être moins heureux que celui de son père. Il tourna d'abord ses soins vers l'Ifrikia où la révolte continuait de ravager le Sud, et il envoya simultanément une flotte arracher les Baléares des mains de la famille d'Ibn-Ghania qui y puisait les éléments pour alimenter la rébellion. Quand En-Naser fut de retour au Maroc, la lutte reparut dans ces contrées lointaines. En 1211, il est appelé en Espagne par la rupture de la trève qu'avait conclue Alphonse VIII ; c'est alors que se livra la fameuse bataille de Las Navas de Tolosa, le samedi 14 juil. 1212, qui fut plus qu'une victoire pour les chrétiens, car elle marque en réalité la fin de la domination musulmane dans la Péninsule. Le flot des invasions africaines s'arrête et recule, et l'empire des Almohades est ruiné. Le khalife rentre à Merrakech où, brisé par ce désastre, il meurt l'année suivante, le 22 déc. 1213. On proclama son fils sous le nom de El-Mostanser b'Illah (qui attend le secours de Dieu). C'était un caractère faible et effacé, et son autorité débile fut impuissante à empêcher le mouvement qui se préparait. En effet, deux fractions des tribus Zenetes Ouaciniennes, venues des déserts de la province de Constantine à l'époque de l'arrivée des Arabes, s'étaient fixées dans les régions sahariennes de la province d'Oran. Les Abd-el-Ouad, alliés aux Arabes Zoghba qui s'avançaient dans la plaine du Chélif, s'étaient étendus jusque vers Tlemcen et dominaient les plateaux de cette région, tandis que les Beni-Merin quittant le désert avaient traversé la vallée de la Molouïa et s'étaient fixés du côté de Taza où ils avaient contracté alliance avec les débris des Miknasa et des Beni-Iman. On ne s'occupera ici que des Beni-Merin, l'histoire des Abd-el-Ouad n'intéressant guère que le Maghreb central, c.-à-d. l'Algérie, malgré les luttes de cette famille avec la dynastie de Fez. Les Beni-Merin qui avaient rendu de grands services aux Almohades, principalement durant les guerres d'Espagne, avaient été maintenus par cette dynastie dans la vallée de la Molouïa où on leur avait donné comme récompense les terres qu'ils avaient usurpées. Mais dans la suite l'affaiblissement des Almohades ne devait pas tarder à laisser aux Beni-Merin toute latitude pour exercer leurs instincts de conquête. En 1216, ils s'avancèrent ainsi jusque dans les environs de Fez, puis dans le Rif, dans le pays des Botouïa, où ils battirent complètement près de Nokour une expédition almohade envoyée de Merrakech contre eux. Ils enlevèrent ensuite Taza et, après une suite de combats où la fortune ne leur fut pas toujours favorable, ils établirent leur autorité dans toute cette contrée. C'était l'époque où les khalifes almohades, dont le prestige était perdu depuis la bataille de Las Navas, exerçaient une ombre de pouvoir au milieu de la débauche.

À El-Mostanser, mort à Merrakech en 1224 d'un coup de corne de taureau, succède un bon, mais faible vieillard, Abou-Mohammed-Abd-el-Ouahed, frère d'El-Mansour. L'histoire le désigne sous le nom d'El-Makhloua (le Déposé), car son règne fut des plus courts. En même temps, un fils d'El-Mansour, nommé Abou-Mohammed-Abdallah, était proclamé en Andalousie, à Murcie, sous le titre d'El-Adel (le Juste), et une sédition éclate à Merrakech; le vieux Makhloua est déposé, puis étranglé. Quant à El-Adel, venu au Maghreb, il est tué en 1227, après avoir assisté à la défaite de toutes ses troupes. Un fils d'En-Naser, Yahia, prend alors le titre de El-Moatasem l'Illah (celui qui s'appuie sur Dieu) et monte sur le trône. Il avait seize ans, tandis qu'un frère d'Adel, surnommé El-Mamoun (qui inspire la confiance), s'était en même temps fait proclamer khalife en Espagne. Sa puissance franchit le détroit, car certaines tribus telles que les Khlot et les Sofian

le reconnaissent. Leur première armée envoyée contre
eux par Yahia est battue, et les partisans d'El-Mamoun ne
tardent pas à augmenter. Après une suite de combats,
Yahia doit abandonner la ville de Merrakech. L'anarchie est
alors à son comble, certaines tribus comme les Sofian ne
cessant de changer de bannière, jusqu'au moment où El-
Mamoun, grâce à la valeur de la milice chrétienne, s'empare de Merrakech le 11 févr. 1230. Ce Mamoun était un
sultan bien curieux, car, à peine entré dans cette ville, il
monte en chaire et affiche des sentiments qui tendent à
faire croire qu'il fut sur le point d'embrasser le christianisme. Marié à une chrétienne, il avait, pendant son long
séjour en Andalousie, appris à estimer les infidèles. Mais
ces déclarations et surtout des mesures de rigueur exagé-
rées prises contre les principaux cheikhs almohades ne tardèrent pas à précipiter la chute de l'empire. Après une
grande révolte en Ifrikia et la prise de Tlemcen qu'il confie
ensuite aux Abd-el-Ouad, El-Mamoun meurt durant sa
marche de Ceuta à Maroc. La rébellion s'était généralisée
au moment de sa fin (17 oct. 1232), car à Ceuta un de ses
frères, Abou-Moussa, s'y était fait proclamer khalife. Le
fils d'El-Mamoun, Abd-el-Ouahed, lui succéda sous le nom
d'Er-Rechid. Enfant de quatorze ans, il réussit à Merrakech,
grâce à l'habileté de sa mère Lella-Habbab, captive chrétienne, femme d'une haute intelligence, qui s'assure du
concours de trois principaux chefs de l'armée, Kanoun-ben-
Djermoun des Arabes Sofian, Omar-ben-Aoukarit des Hes-
koura, et Francil, chef de la milice chrétienne, et le nouveau sultan se hâte d'accorder une amnistie générale en
rétablissant certains usages religieux dont la suppression
décrétée par son père avait causé en partie la révolte.
Mais, malgré ces adroites mesures, nous entrons dans la
dernière période de l'empire des Almohades, et la rébellion
ne tarde pas à reprendre. Er-Rechid va jusque Sidjilmassa
y combattre les troupes d'Yahia qui tenait toujours la
campagne, jusqu'au moment où il est mis à mort aux environs de Taza; sa tête envoyée à Er-Rechid est exposée sur
les murs de Merrakech. La grande tribu des Khlot qui en
avait profité pour se ranger derrière un agitateur andalou,
Ibn-Houd, est chassée vers le N. du Maroc où l'on voit
encore ses fractions de nos jours. Er-Rechid marcha
ensuite sur Fez qu'il arracha à l'anarchie, tandis qu'une
flotte envoyée par la république de Gênes au secours des
troupes d'Er-Rechid sauva la ville de Salé au moment où elle
allait tomber entre les mains de cet Ibn-Houd. Au milieu
de cette extraordinaire confusion, Ceuta se révolte, tandis
que Séville envoie une députation venant offrir sa soumission au khalife. La discorde se met alors dans le camp
des Andalous, et Omar, un des leurs, qui avait levé l'étendard de la révolte au Maghreb, est amené à Merrakech où

il est exécuté en même temps que les principaux chefs des
Khlot. Mais ces succès sont trop tardifs; rien ne peut plus
arrêter le développement de la puissance mérinide. Le gouverneur de Mequinez, envoyé contre eux, est défait dans une
série de combats, et le chef des Beni-Merin, Othman, dit
le Borgne, fils d'Abd-el-Hakk, soumet à son autorité les
Hoouara, les Chaouïa, les Fichtala, les Mediouna, progres-
sant ainsi jusque dans le centre du Maghreb, tandis que
Fez, Taza, Mequinez, Ksar-Ketama (de nos jours Alkasar-
el-Kebir), lui payent tribu, mais il est assassiné en plein
triomphe par un esclave d'origine chrétienne. Son frère
Mohammed s'applique à continuer son œuvre. Quant à
Er-Rechid, il meurt à Merrakech en 1243, après un règne
de dix ans.

Son frère, Abou-el-Hasen-Ali-es-Saïd, est proclamé
khalife sous le nom de El-Motaded l'Illah (favorisé de Dieu),
mais l'histoire ne le connaît que sous celui d'Es-Saïd. Prince
énergique, il entreprit de combattre l'invasion mérinide, et,
s'étant d'abord attaché les Arabes Sofian, il se rendit maître
de l'oasis de Sidjilmassa, en châtiait la population et en-
voyait à la mort l'auteur de la rébellion qui y avait éclaté.
Il réunit ensuite à Merrakech une armée de 20,000 combattants et atteignit les Beni-Merin entre Fez et Taza où il leur
infligea une sanglante défaite à l'ouâd Yabach, en 1244,
grâce à la valeur de la milice chrétienne; mais les révoltes
se multiplient; la défection du chef des Sofian, qui s'allie
aux Beni-Merin, provoque la chute de la ville d'Azemmour
qu'Es-Saïd ne reprend qu'à grand'peine; il continue
son œuvre de résistance contre les Beni-Merin et rem-
porte d'abord quelques succès, jusqu'au moment où il est
tué dans les environs d'Oudjda, au siège de la citadelle de
Tamezezdekt (mai-juin 1248). C'est alors la défaite; le
camp des Almohades tombe au pouvoir des Abd-el-Ouad
qui étaient accourus au secours des Beni-Merin. Ils s'emparent de la suite du khalife, ainsi que de ce fameux Coran d'Othman que les Almohades avaient conservé et
qu'ils emportaient, ainsi qu'un palladium, dans toutes leurs
guerres. Yaghmorasen, le premier Abd-el-Ouad, fit enter-
rer Es-Saïd dans le cimetière d'El-Abbad (actuellement
Sidi-bou-Medine, près de Tlemcen). L'armée des Almohades
s'étant débandée s'enfuit vers la ville de Merrakech, et chemin faisant élut comme khalife le jeune Abdallah, fils
d'Es-Saïd, mais au passage de la Molouïa, à Guercif, la milice chrétienne et le corps des archers Ghozz passent au service des Beni-Merin : ce fut là le coup de grâce porté à la
dynastie. Après la mort d'Es-Saïd et de son fils, les Mérinides s'établirent à Fez définitivement en août 1248. Les
chefs almohades, ruinés à Merrakech, élisent comme sultan
un neveu d'El-Mansour, Abou-Ibrahim-Ishak, qui était
alors à Salé; on le proclame sous le nom d'El-Morteda

(l'Agréé); il renouvelle l'alliance avec les tribus arabes demeurées le seul soutien de cet empire qui s'effondre. La
puissance des Beni-Merin, au contraire, s'établit de plus
en plus solidement; le pays jusqu'à l'Oum-Errebia reconnaît leur suzeraineté et le nom d'Abou-Yahia, leur chef.
Cependant, à la mort du hafside Abou-Zakaria, Tanger et
Ceuta se soumettent aux Almohades et payent tribut à El-
Morteda; sur ces entrefaites, la lutte se déclare entre les
Mérinides et les Abd-el-Ouad qui régnent à Tlemcen, et cette
rivalité va continuer pendant toute la durée de la nouvelle
dynastie. Les habitants de Fez s'étant révoltés appellent à
leur aide les Almohades, et El-Morteda, dans son impuis-
sance d'entrer en campagne, invite les Abd-el-Ouad de
Tlemcen à marcher avec lui sur la ville, pour triompher
de l'ennemi commun; mais Abou-Yahia se porte à la rencontre des Abd-el-Ouad, qui sont entièrement défaits sur
l'ouád Isly en 1250. Au retour la répression fut terrible
à Fez; la malheureuse ville fut écrasée par une lourde imposition de guerre; ses remparts furent couronnés de têtes
de rebelles, tandis que l'émir des Mérinides y faisait son
entrée. Toutefois, ce n'était pas encore le triomphe défini-
tif, car, vers 1252, les Almohades parviennent à arracher
Salé des mains des Beni-Merin, et El-Morteda, qu'enflamme
ce succès passager, vient se faire battre aux environs de
Fez, à Behloula (1253). El-Morteda s'échappe et s'enfuit à
Merrakech. Les Beni-Merin s'avancent vers le Sud, con-
quièrent Sidjilmassa, ainsi que le Draa, tandis que les
dernières troupes dont El-Morteda disposait encore sont
successivement anéanties dans une révolte qui éclate dans
le Sous.

Après la mort de l'émir Abou-Yahia, son frère, Abou-
Yousef-Yakoub, à la suite de quelques difficultés avec son
neveu, s'empara du pouvoir en 1259. L'autorité mérinide
s'étendait alors de la Molouïa à l'ouád Oum-Errebia et
de l'oasis de Sidjilmassa au ksar des Ketama (Alkasar el-
Kebir de nos jours). Les princes de cette famille tenaient
à Fez une cour brillante dont l'éclat valait celui des
palais de Tlemcen et de Merrakech; les réfugiés andalous
y avaient apporté le luxe et la culture de leur civilisation.
La puissance d'Abou-Yousef-Yakoub s'accroissait sans
cesse, malgré une seconde tentative des Abd-el-Ouad de
Tlemcen qui sont à nouveau battus près de Taza, en dépit
d'une révolte qui éclate à Salé et au cours de laquelle les
Génois et les Pisans restant dans les villes y firent un grand
carnage. En 1260, suivant Ibn-Khaldoun, 1263, selon Marmol, le roi de Castille, Alphonse X, s'empare par surprise de
la même ville, mais il est bientôt contraint de s'embarquer.
Ce sont là les premières incursions des chrétiens; nous
les verrons se renouveler fréquemment dans la suite. En
1216-62, les Beni-Merin ayant rassemblé une forte armée

résolurent d'en finir avec la ville de Merrakech, mais l'opération mal combinée échoua à la bataille du Gueliz sous les
murs de la ville. El-Morteda s'engagea néanmoins à payer tribut. Dans leur marche de retour, les Beni-Merin ayant rencontré une armée almohade qui venait au secours de la ville
la défirent complètement à la bataille des Oum-er-Radjleïn.
Sur ces entrefaites, un transfuge des Almohades nommé
Abou-Debbous propose une alliance aux Mérinides; il entre
en vainqueur à Merrakech en 1266. El-Morteda put s'enfuir
à Azemmour; il est ramené et mis à mort après un règne de
dix-neuf ans. Abou-Debbous, fort grisé de sa victoire, se
fait proclamer khalife et veut pour son compte relever
l'empire almohade, et, après avoir anéanti la révolte qui
durait toujours dans le Sous et s'être emparé de Taroudant (1267), pousse l'audace jusqu'à répudier tout lien
avec les Beni-Merin. Il y est aidé par une campagne que
les Abd-el-Ouad de Tlemcen recommencent contre les
Mérinides, mais Abou-Yousef Yakoub se lance contre la
dynastie de Tlemcen; il atteint Yaghmorasen dans la plaine
de Tafrata et lui inflige une sanglante défaite, où le fils
du chef des Abd-el-Ouad est tué et son camp enlevé. Reve-
nant ensuite à marches forcées vers l'O., il tire une écla-
tante vengeance du misérable Abou-Debbous qui est tué
au combat de l'ouâd Aghfou, entraînant dans sa chute le
dernier lambeau qu'il détenait de la puissance almohade.
Le 8 sept. 1269, l'émir des Mérinides fait son entrée dans
Merrakech. Tous les adhérents de la dynastie d'Abd-el-Moumen évacuèrent la ville, se réfugiant dans la montagne à
Tamelaltel et y proclamant comme leur khalife Ishak, frère
d'El-Morteda. Ainsi le lieu qui avait été le berceau de la
dynastie allait être son tombeau. Après un siècle, finirent
les Almohades qui n'avaient brillé d'un vif éclat que sous
leur fondateur Abd-el-Moumen.

Chronologie des souverains almohades ou khalifes.
Abd-el-Moumen, 1140 ; Abou-Yakoub-Yousef, 1163 ;
Abou-Yousef-Yakoub-el-Mansour, 1184 ; En-Naser, 1199 ;
Yousef-el-Mostanser, 1214 ; Abd-el-Ouahed-el-Makhloua,
1224 ; El Adel, 1227 ; El-Mamoun, 1228 ; Er-Rechid, 1232 ;
Es-Saïd, 1242 ; El-Morteda, 1248 ; Abou-Debbous, 1266 ;
Ishak, 1269.

LES ÉMIRS DES BENI-MERIN OU MÉRINIDES (de 1269 à
1554). — Après la prise de Merrakech, Abou-Yousef-
Yakoub substitua l'administration de son gouvernement à
celle des Almohades, et envoya son fils Abou-Malek soumettre le Sous, et, à la fin de 1270, il se porta lui-même
dans le Draa. Peu de temps après, une révolte étendue éclata
dans le Rif parmi les Ghomara ; elle avait été fomentée par
le neveu d'Abou-Yousef, mécontent du choix fait d'Abou-
Malek comme héritier présomptif. Les principaux coupables

furent exilés ; certains passèrent en Andalousie ; d'autres
trouvèrent asile à la cour de Tlemcen. La puissance mérinide se trouvait alors concentrée dans le Maghreb ; l'émir en
profita pour aller tirer vengeance des Abd-el-Ouad, de l'appui qu'ils avaient donné aux Almohades. Yaghmorasen fut
battu, Oudjda détruit, mais l'armée mérinide dut abandonner le siège de Tlemcen ; Abou-Yousef voulait en effet
passer en Espagne et avait hâte d'y entreprendre la guerre.
Il lui fallut auparavant s'emparer de Ceuta et de Tanger,
au pouvoir d'un certain El-Asefi qui y régnait d'une manière à peu près indépendante. Tanger fut occupé, mais
Ceuta laissé à Asefi, qui s'engagea à verser un tribut an-
nuel. Avant de s'embarquer, Abou-Yousef dut se rendre
à Sidjilmassa dont il entreprit le siège. Il y emmena un
matériel considérable et des machines de guerre de toute
sorte, parmi lesquelles un engin nouveau qui lançait de
son âme, au moyen d'une poudre inflammable, du gravier,
du fer et de l'acier, d'après ce que nous en disent les chroniqueurs arabes. La ville ayant été prise en sept. 1274,
cette conquête achevait de placer la partie du Maghreb qui
correspond au Maroc actuel sous la domination mérinide.
Abou-Yousef allait donc pouvoir se rendre en Espagne et
entreprendre ses guerres contre la chrétienté, dans le détail desquelles nous n'entrerons pas. Elles se terminèrent
d'une manière assez vaine, par le traité qui intervint après
le siège infructueux de Xérès par les musulmans, et aux
termes duquel don Sanche, fils d'Alphonse X, remettait par
exemple une grande quantité de manuscrits arabes (13 char-
ges de mules), tombés entre les mains des chrétiens après
la chute de Séville et de Cordoue. L'émir des Mérinides
les fit envoyer à Fez où on les déposa dans la grande école
qu'il avait fait bâtir pour l'usage des étudiants. Abou-
Yousef-Yakoub rendit l'âme à la fin de mars 1286 à Algésiras, après un règne de vingt-neuf ans. L'islam entier
en prit le deuil, nous dit l'auteur du *Roudh el-Kartas;* son
corps, transporté au Maghreb, fut inhumé à Chella, près
de Rabat. Quant à son ennemi Yaghmorasen, le chef des Abd-
el-Ouad de Tlemcen, il était mort en 1283, sur les bords
du Chélif. Le fils d'Abou-Yousef-Yakoub, Abou-Malek,
étant mort avant son père, ce fut Abou-Yakoub-Yousef
qui lui succéda sous le nom d'En-Naser-li-din-Allah. Ayant
d'abord renouvelé les traités que son père avait passés avec
le roi de Castille, il consacra la première année de son
règne à combattre les révoltes qui s'étaient produites dans
le Draa et la province de Merrakech. En 1288, il reçut
à Fez une ambassade du roi de Grenade, auquel il rendit
la ville de Cadix qui était demeurée entre les mains des
Mérinides. Sur ces entrefaites, son fils Abou-Amer qui
avait tenté de se faire proclamer s'était réfugié avec son
entourage à la cour de Tlemcen. Il n'en fallait pas tant

pour provoquer une nouvelle rupture avec les Abd-el-Ouad, et, dès le commencement de mai 1290, la lutte recommence. Abou-Yakoub sort de Fez, à la tête d'une armée importante où se remarquaient les milices chrétiennes et kourdes; mais, après un siège de quarante jours, il quitte Tlemcen, pour revenir les années suivantes opérer contre Oudjda, et finalement, en 1299, commence l'investissement de la ville. Ce fut là l'opération la plus mémorable dont les annales de l'Afrique septentrionale aient gardé le souvenir. Le camp des assiégeants s'était insensiblement transformé en une véritable ville qui reçut le non d'El-Mansoura (V. TLEMCEN), mais au moment où Tlemcen allait se rendre, quand la population affamée et réduite à la dernière extrémité ouvrait presque les portes, Abou-Yakoub est assassiné par un de ses esclaves, et le siège est levé en 1307.

L'émir des Mérinides laissait deux petits-fils, fils d'Abou-Amer; l'aîné, Amer-Abou-Tsabet, fut choisi par la plus grande partie des Beni-Merin, bien que sur ces entrefaites le frère cadet d'Abou-Yakoub, Mansour—Abou-Salem, se fasse reconnaître dans le camp de Mansoura; mais Abou-Tsabet, grâce à l'appui des Abd-el-Ouad auxquels il avait fait certaines promesses, parmi lesquelles celle de lever le siège, l'emporte sur son rival et entre dans Mansoura. Quant à Abou-Salem, il s'enfuit et est massacré à Nedroma, tandis qu'une partie de la famille impériale, effrayée des exécutions auxquelles on procède, se réfugie dans le Rif chez les Ghomara où la rébellion ne tarde pas à éclater. Au reste, ce très court règne du nouveau souverain n'est consacré qu'à combattre la révolte générale qui règne à Tanger, à Ceuta et à Merrakech, jusqu'au moment où il meurt le 23 juil. 1308 à Tétouan, ville qu'il venait de fonder. Son frère, Abou-Rebia-Sliman lui succède et entre à Ceuta, grâce à l'appui du roi Jayme d'Aragon (juil. 1309). Il meurt l'année suivante après avoir vaincu la révolte des grands chefs de l'armée, parmi lesquels Gonzalve, chef de la milice chrétienne. Abou-Rebia fut enterré à Taza; un de ses parents, Abou-Saïd-Othman, qui avait gagné la faveur des soldats par ses largesses, est proclamé, et de suite, cédant à la haine de sa famille contre la maison de Tlemcen, il se met en marche contre les Abd-el-Ouad, mais la campagne est infructueuse; il est en effet rappelé par la rébellion que son fils Abou-Ali avait organisée à Fez durant son absence. La lutte s'engage sous les murs de Taza, et le nouveau sultan aux termes d'un traité humiliant abdique en faveur de son fils, en ne conservant pour lui que l'administration de la ville et de la province de Taza. Peu après, grâce à l'appui de son fils aîné Abou l'Hasen, auquel il donne le titre d'hériter présomptif, il réussit à rentrer à Fez tandis qu'Abou-Ali s'enfuit à Sidjilmassa où il s'ins-

talle en roi (1315). En 1320, ce dernier lève à nouveau
l'étendard de la révolte. Ayant établi sa domination sur toutes
les provinces au S. de l'Atlas, il s'empare ensuite de la ville
de Merrakech. Son père marche sur Sidjilmassa, emporte la
ville, mais pardonne à son fils avant de mourir en 1331.
Abou l'Hasen lui succède, et, à peine monté sur le trône,
il vient mettre le siège devant Tlemcen où les Abd-el-Ouad,
après avoir mal reçu une ambassade qu'il leur avait envoyée, refusent d'abandonner les opérations qu'ils avaient
fait commencer devant Bougie. Cette fois encore Tlemcen
résiste victorieusement, et ce ne sera qu'en 1337, après
s'être débarrassé, en le faisant étrangler, de son frère Abou-
Ali, que le chef des Mérinides aura la gloire d'emporter
d'assaut la ville. Le siège avait duré deux ans. Cependant
Abou l'Hasen, usant d'une grande modération, conserva
aux differentes tribus leurs franchises, enrôlant leurs soldats dans son armée. La prise de Tlemcen le rendait maître
du Maghreb central. Rentré à Fez en 1338. il apprend
que la Castille était toujours divisée par les factions. Une
expédition est alors résolue; il fait réunir son armée et
après avoir pardonné à son fils Abou-Malek qui venait de
susciter une nouvelle révolte, s'embarque à la suite d'une
flotte de 250 navires. Il est battu le 30 août 1340, au
rio Salado, près de Tarifa, et dans ce combat il perd ses
femmes, un de ses fils, l'élite de ses guerriers, et rentre
au Maghreb. Ce souverain était infatigable. En 1347, il
entreprend en partant de Mansoura une grande expédition
qui le mène jusque dans l'Ifrikia. Mais il est battu à Kairouan
et le bruit de sa défaite s'étant répandu au loin encourage
le démembrement et les révoltes. Le fils d'Abou l'Hasen,
Abou-Inan, qui gouvernait à Tlemcen, croyant à la mort
de son père, se fait proclamer sultan. Il organise son pouvoir et part pour Fez où il fait mettre à mort El-Mansour
qui en était gouverneur, tandis qu'il se fait reconnaître
dans tout le pays. La lutte se continue alors dans le
royaume de Tlemcen, tandis que, d'autre part, Abou l'Hasen est demeuré à Tunis et d'où, harcelé par les Arabes, il
ne peut intervenir dans les affaires des deux Maghreb. Plus
tard, il s'embarquera pour Alger, et, après des infortunes
multiples, il gagnera le djebel Amour et Sidjilmassa d'où
Abou-Inan le chassera. Il est finalement battu sur les
bords de l'Oum-Errebia et meurt en 1351, au moment
où il abdique en faveur de son fils, pour faire cesser toute
cause de discorde. On raconte qu'Abou-Inan en mani-
festa une profonde douleur. Maître du pouvoir, le nouveau
souverain recommence la lutte contre Tlemcen, s'avance
jusqu'à Médéa, fait prendre possession de Bougie, conquête
que la révolte ne tarde pas à lui faire perdre. Une autre
expédition avait mené ses troupes jusqu'au Zab et dans
l'ouad Guir. Abou-Inan, devenu vieux et infirme, est

étouffé à Fez, le 3 déc. 1358, par ses ministres désireux de
hâter sa fin pour reconnaître son jeune fils Es-Saïd, âgé de
cinq ans. Quant à l'héritier présomptif, Abou-Zeyan, il
est mis à mort. Le vizir Ibn-Hasen est nommé régent de
l'empire et rentre en possession de Tlemcen, mais une défaite des troupes mérinides, non loin d'Ondjda, encourage le
prétendant El-Mansour, arrière-petit-fils de Yakoub-ben-
Abd-el-Hakk, qui vient assiéger Fez. Sur ces entrefaites,
un frère d'Abou-Inan, nommé Abou-Salem, débarque
d'Espagne sur la côte du Rif; accueilli avec enthousiasme
par les populations, il s'empare facilement de Ceuta, puis
de Tanger. Cette nouvelle jette le trouble dans l'armée
d'El-Mansour; la lutte s'engage néanmoins et Abou-Salem
venait d'être battu à Ksar-Ketama, quand le régent El-
Hasen lui fait parvenir de Fez sa soumission, et contre toute
attente c'est Abou-Salem qui monte sur le trône. En juil.
1359, il entre à Fez, éloigne puis fait périr l'ancien régent dont il redoute la puissance, fait conduire au supplice
El-Mansour et son fils, et exiler à Ronda les malheureux
princes de la famille impériale, qui devaient plus tard être
noyés en mer. Après un court règne, Abou-Salem ne tarde
pas à être massacré, et l'on proclame un de ses frères, un
dément, Abou-Omar-Tachfin, en 1361. L'anarchie est
alors à son comble; le trésor impérial est pillé; la situation
se complique encore par l'arrivée d'un nouveau prétendant, Abd-el-Halim, neveu d'Abou l'Hasen; il échoue devant Fez où il vient mettre le siège, puis, soutenu par les
gens de Tlemcen, il se fait reconnaître à Sidjilmassa. Un
autre compétiteur surgit ensuite dans Abou-Zeyane-Mo-
hammed qui débarque d'Andalousie à Ceuta; il est acclamé
par toutes les tribus du Nord et entre triomphalement à
Fez. Il ne tarde pas non plus à être assassiné en 1366 par
son grand vizir Omar qui, après ce crime audacieux, retire
d'une prison où il le détenait le jeune prince Abd-el-Aziz,
fils d'Abou l'Hasen, et le fait élever au pouvoir. Omar
est ensuite massacré à son tour dans une conspiration de
palais par ceux qu'il avait maltraités, et Abd-el-Aziz engage
la lutte aux environs de Merrakech où il dompte la grande
révolte dite d'Abou l'Fadel (1368); il réussit également dans
la répression des troubles qui éclatent l'année suivante
dans la région berbère et que commandait le chef des Hen-
tata. Le 7 août 1370, le sultan entre dans la ville de Tlemcen, contre laquelle il avait recommencé la lutte de ses
ancêtres, mais il meurt deux ans après, le 23 oct. 1372,
au moment où la puissance mérinide allait s'étendre de nouveau sur le Maghreb central. Le règne d'Abd-el-Aziz avait
brillé de quelque éclat; le prince avait eu parmi ses conseil-
lers le célèbre Ibn-Khaldoun, l'auteur de l'*Histoire des
Berbères*.

À sa mort, le sultan ne laissait qu'un fils en bas âge

qui fut proclamé à Fez sous le nom d'Es-Saïd, tandis que
Ibn-Ghazi, lieutenant d'Abd-el-Aziz, prenait la direction
des affaires; mais les Mérinides allaient bientôt perdre les
résultats obtenus durant ce dernier règne. On assiste en
effet à la restauration des Abd-el-Ouad à Tlemcen, et Abou
l'Abbas-Ahmed, fils d'Abou-Salem, qui était détenu à Tanger, profite d'une rupture entre la cour de Grenade et
celle de Fez pour se faire reconnaître par Ibn-Ghazi, grâce
à des secours arrivés d'Andalousie, tandis que l'émir Abderraman obtient le gouvernement de Merrakech. Le jeune
Es-Saïd est envoyé à Grenade, tandis qu'Ibn-Ghazi, après
avoir tenté de se révolter, est ensuite traîné à la mort. La
lutte s'engage entre les royaumes de Fez et de Merrakech,
mais elle se termine à l'avantage d'Abou l'Abbas et par la
mort d'Abderraman et de ses fils (1382). Le sultan de Fez
se dirige de suite vers Tlemcen qu'il prend et pille afin
d'en châtier la population qui avait secouru Abderraman;
mais le roi de Grenade, allié à l'émir Abou-Hammou qui
commandait Tlemcen, suscite un rival à Abou l'Abbas. Un
certain Moussa, fils du sultan Abou-Inan, après avoir
proclamé à Ceuta la suzeraineté de Grenade, s'empare de
Fez et s'y fait reconnaître (14 mai 1384). Les troupes de
Moussa, expédiées de Tlemcen, arrivent trop tard et lui-
même est pris à Taza et expédié à Grenade. Peu de mois
après, Moussa meurt; il est remplacé par El-Ouatsek, fils
d'Abou l'Fadel, que le roi de Grenade conservait auprès
de lui et qu'il expédie. Il est proclamé à Fez en 1386, et
règne sous la tutelle du vizir de Moussa, Ibn-Massaï, mais
ce dernier ayant commis la faute de provoquer une rupture
avec la cour de Grenade, en voulant reprendre la ville de
Ceuta, nous ne tardons pas à voir passer au Maghreb Abou
l'Abbas qui recommence la lutte. Après s'être rendu maître
de Tanger et d'Asilah, il rentre à Fez, fait périr Ibn-Massaï et expédie El-Ouatsek à Tanger où il meurt. Abou l'Abbas rétablit l'ordre grâce à sa fermeté, mais en 1393 il
meurt à son tour à Taza au moment où il surveillait une
expédition menée contre Tlemcen. Son fils, Abou-Farès,
monte sur le trône. En 1399, une flotte armée par le roi
de Castille, Enrique III, pour combattre les corsaires africains, s'empare de Tétouan et transporte en Espagne tous
les habitants de cette ville qui devait ensuite demeurer
vide jusqu'au moment où, un siècle plus tard, elle fut ré-
occupée par des Grenadins expulsés d'Andalousie. Peu de
temps après et dans le même but de réprimer la piraterie,
le roi Jean Ier de Portugal s'empare de Ceuta le 14 août
1415. Abou-Saïd, prince obscur, avait alors succédé à Abou-
Farès vers 1409, mais on ne sait dans quelles conditions.
Sur ces entrefaites, la lutte avait recommencé entre les
royaumes de Fez et de Tlemcen. Dans cette dernière ville
était alors Abou-Malek, prince énergique et hardi qui brû-

lait, en se débarrassant de la tutelle des Mérinides, de venger sa famille des humiliations qu'elle avait endurées des gens de l'Ouest. Il s'empara de Fez, subjugua tout le Maghreb extrême en y imposant un sultan de son choix nommé Mohammed, petit-fils d'Abou-Inan. Les documents historiques sur toute cette période étant très frustes, on ne sait même point si ce prince régna avant ou après Abdallah, fils d'Abou-Saïd, qui, à la faveur d'une révolte et de la lutte qui s'était engagée entre les deux frères d'Abou-Saïd, était monté sur le trône. Au reste, dans toute la partie du Maghreb qui correspond au Maroc actuel, la plus complète des anarchies régnait et paralysait les forces musulmanes.

L'empire mérinide sur son déclin s'était fractionné en trois royaumes indépendants, Fez, Merrakech, Sidjilmassa. Encouragés par leurs succès à Ceuta, les Portugais cherchaient l'occasion de s'emparer de Tanger, mais leur première tentative en sept. 1437 n'aboutit qu'à un désastre. Un traité intervint où les Portugais obtinrent de pouvoir se rembarquer à la condition de rendre Ceuta; ils laissaient comme otage l'infant Ferdinand, pour garantir l'exécution de ce pacte. Mais les Cortès n'ayant point dans la suite ratifié cet engagement, l'infortuné don Ferdinand mourut en captivité en 1443. En 1458, disposant d'une flotte nombreuse et d'une armée de 17,000 hommes qui avait été préparée pour une croisade contre les Turcs, mais que l'on avait abandonnée à Lisbonne, les Portugais revinrent à la charge et s'emparèrent successivement de Ksar es-Seghir, sur le détroit de Gibraltar, et en 1464 d'Anafé (Casablanca), sur l'océan Atlantique, deux places qui étaient des repaires redoutés des corsaires barbaresques. Une deuxième tentative contre Tanger échoua néanmoins. En 1471, le sultan mérinide ayant été assassiné, et l'anarchie ayant été portée à son comble dans tout le pays, les Portugais s'emparèrent habilement d'Asilah et passèrent un traité avec le prétendant Maulay-Saïd, aux termes duquel ce dernier reconnaissait leur suzeraineté sur Ceuta, Ksar es-Seghir, Tanger, Asilah et Anafé. Toute la pointe septentrionale de la Tingitane tombait donc ainsi aux mains du roi Alphonse V qui reçut alors le surnom de l'Africain. Profitant de cette même époque troublée, les Espagnols occupèrent en 1496 et sans coup férir, sous la conduite du duc de Medina-Sidonia, la petite place de *Melila* (V. ce mot). En 1503, une attaque des Portugais dans l'intérieur des terres contre Alkasar el-Kebir échoue; en 1506, le roi Emmanuel envoie de Lisbonne une flotte qui fonde *Mazagan* (V. ce mot), entre Azemmour et Safi. Les Portugais étendaient leur action et se ménageaient des appuis dans les tribus, car un certain Yahia-ben-Tafour avait reconnu sur ces entrefaites leur suzeraineté et entra en lutte

en leur nom contre le sultan de Fez. A cette époque, les chefs
des Haha et quelques-uns du Sous, une partie des Doukkala
et des environs de Merrakech étaient leurs tributaires,
tandis que le souverain mérinide, de la branche des Beni-
Ouattas, qui régnait à Fez, assistait impuissant à cet envahissement de l'influence chrétienne; seule la campagne en-
vironnante de Fez lui demeurait soumise; les intrigues de
palais et les compétitions de pouvoir achevaient de rendre
encore plus débile cette ombre de royaume, dernier vestige
de l'empire fondé par Abd-el-Hakk. Tout le Sud était déjà
aux mains des chérifs et, dans l'anarchie générale, on discerne les degrés de cette période de transition que va tra-
verser le Maghreb el-Acsa. Nous venons de voir en effet
combien la condition misérable où était réduite la dynastie
mérinide avait ouvert le pays aux puissances étrangères.
Après la prise de Grenade en 1492, qui avait eu un énorme
retentissement dans tout le monde musulman, les Espagnols se mirent aussi en mouvement. Imitant l'exemple
des Portugais, ils combattirent la piraterie sur toute la côte
barbaresque. Le testament d'Isabelle la Catholique, qui da-
tait de 1504, ne portait-il point qu'il ne faudrait jamais
interrompre la conquête de l'Afrique, ni cesser de combattre pour la foi contre ses habitants? Ces coups nombreux
frappés sur l'Afrique musulmane, depuis les rivages de
l'Atlantique jusqu'aux Syrtes, amenèrent bientôt la réac-
tion de l'islam. Provoquée par les agressions portugaises
ou espagnoles, elle affecta au Maroc la forme du chérifat et,
dans la région de Tunis et d'Alger, ce fut la conquête otto-
mane.

L'histoire des chérifs saadiens qui vont occuper le trône
au Maghreb el-Acsa est en réalité celle de la fondation
du Maroc tel qu'il existe encore de nos jours. Au milieu
de l'anarchie si considérable qui y régnait au début du
xvie siècle, et de la confusion où se débattait la dynastie
mourante des Mérinides, il était à peu près impossible
de songer à discipliner les populations berbères, mais on
pouvait essayer de donner au pouvoir politique l'autorité
morale qui lui manquait. C'est à cette dernière tâche que se
dévouèrent les chérifs saadiens et l'on peut dire que, pour
le Maroc, ils ont réussi à l'accomplir. Aux yeux des tribus
ils avaient tous les titres; leur noble origine était à peu
près incontestée; la bravoure dont ils avaient fait preuve,
lors des luttes contre les chrétiens dans le Sous, avait enflammé leurs partisans, et, quoique d'origine arabe, un long
séjour au Maghreb les avait en quelque sorte nationalisés
berbères. On manque singulièrement de données sur les
luttes intestines qui marquèrent les dernières années des
Mérinides. Nous savons que les Portugais tentèrent d'affermir leur autorité durant les années 1515 et 1517 et qu'un
certain Lope Barriga s'y distingua particulièrement. Mais

bientôt la face des choses changea; l'action des Saadiens commence de se manifester. Les Portugais subirent de cruels revers, perdirent leurs meilleures troupes, et leurs garnisons demeurèrent livrées à elles-mêmes, l'affaiblissement de la métropole empêchant le gouvernement de leur envoyer des secours. Le royaume des chérifs saadiens dans le Sous en 1516 était aux mains d'Abdallah-el-Kaïm. Ses fils s'emparent de Lope Barriga; Yahia-ben-Tafout, l'allié des Portugais, est assassiné; dès lors leur puissance est ruinée : c'est le commencement de la décadence irrémédiable. Les chérifs augmentent leur empire; en 1520, ils franchissent l'Atlas et s'emparent de la ville de Merrakech. Ils ont à leur tête Abou l'Abbas-el-Aaradj, l'aîné des fils du fondateur de la nouvelle dynastie. Les Mérinides font alors plusieurs tentatives infructueuses contre le Maroc; ils sont battus sur les bords de l'ouâd El-Abid. Une première trève s'ensuit, qui accorde aux Saadiens tout le pays jusqu'au Tadela, tandis que le Nord demeure aux Mérinides. Dans cette même année, en 1536, Mohammed-el-Mehdi, chérif saadien qui régnait à Taroudant, s'empare d'Agadir, en massacre la garnison portugaise et se marie avec la fille du gouverneur don Guttierez de Monroy. L'année suivante, les Portugais évacuent Safi, et Mohammed-el-Mehdi, après avoir pris le pouvoir à son frère qui était à Merrakech, marche vers le Nord, défait les Mérinides et s'empare de Mequinez, de Fez et enfin atteint Tlemcen, dont il veut protéger les habitants contre les Espagnols et contre les Turcs; mais son fils perd la vie dans une rencontre avec les Turcs, qui entrent à sa suite au Maghreb, et, après une bataille de deux jours, s'emparent de Fez, tandis que ce chérif se réfugie à Merrakech. Le Mérinide Abou-Hassoûn, qui avait combattu aux côtés des Turcs, reprend le pouvoir (1554) et verse une large indemnité à leur chef Salah-ben-Raïs pour hâter leur départ. D'abord quelques succès signalèrent le règne d'Abou-Hassoun, mais il est assassiné traitreusement durant la bataille qu'il livre au chérif Mohammed-el-Mehdi. Ses fils s'embarquèrent pour l'Espagne et trouvèrent la mort durant la traversée. Ainsi s'éteignit au Maroc la famille des Mérinides.

Chronologie des émirs mérinides au Maroc. Othman, fils d'Abd-el-Hakk, 1217; Mohammed, son frère, 1239; Abou-Yahia-Abou-Bekr, leur frère, 1244; Omar, son fils, 1258; Abou-Yousef-Yakoub, 1259; Abou-Yakoub-Yousef, fils d'Abd-el-Hakk, 1286; Abou-Tsabet-Amer, son petit-fils, 1307; Abou-Rebïa-Sliman, son frère, 1308; Abou-Saïd-Othman, fils d'Yakoub, 1316; Abou-Ali, son fils, à Sidjilmassa, 1315; Abou l'Hasen, fils d'Abou-Saïd, son fils, 1331; Abou-Inan, son fils, 1348; Es-Saïd, son fils, 1358; Abou-Salem-Ibrahim, son frère, 1359; Abou-Omar-Tachfin, son frère, 1361; Abd-el-Halim, pe-

tit-fils d'Abou-Saïd, 1361 ; Abou-Zeyan-Mohammed, petit-fils d'Abou l'Hasen, 1361 ; Abd-el-Kalim, à Sidjilmassa,
1361 ; Abd-el-Moumen, son frère, à Sidjilmassa, 1362 ;
Abd-el-Aziz, fils d'Abou l'Hasen, 1366 ; Es-Saïd II, son
fils, 1372 ; Abou l'Abbas-Ahmed, fils d'Abou-Salem, 1374 ;
Abderraman, à Merrakech, 1374 ; Abou l'Abbas, 1382 ;
Moussa, fils d'Abou-Inan ,1384 ; El-Mostasar, fils d'Abou
l'Abbas, 1384 ; El-Ouatsek, fils d'Abou l'Fadel, 1386 ;
Abou l'Abbas, pour la seconde fois, 1387 ; Abou-Farès,
son fils, 1393 ; Abou-Saïd, vers 1411 ; Saïd et Yakoub,
ses deux frères, vers 1421 ; Abdallah, fils d'Abou-Saïd,
1423 ; Mohammed, fils d'Abou-Inan ? ; Ahmed ? ; période
inconnue ; Maulay-bou-Hassoun, vers 1458 ; Abdallah,
vers 1470 ; Maulay-Saïd, vers 1471 ; Maulay-Ahmed ? ;
Maulay-Nacer, à Merrakech, 1502 ; Maulay-Mohammed,
1508 ; Maulay-Ahmed, son fils, à Fez, 1520 à 1550 ; interruption par le chérif saadien Mohammed-el-Mehdi, 1550 ;
Maulay-Abou-Hassoun, le dernier Mérinide, 1554.

LES CHÉRIFS SAADIENS (de 1550 à 1659). — Après son
entrée à Fez, le chérif Mohammed-el-Mehdi châtia avec
une extrême rigueur la population, y laissa son fils comme
gouverneur et regagna la ville de Merrakech ; son règne
dura jusqu'en 1557, époque où, à la suite d'une conspiration ourdie de longue main, il fut assassiné par
ordre du pacha algérien Hasan. L'action de ce souverain, considérable par elle-même, puisqu'il a été le véritable fondateur de la puissance saadienne, a été surtout
caractérisée par la politique de résistance et plus tard de
combat à l'égard des marabouts dont les associations redoutables contrecarraient le pouvoir central, tandis qu'au
contraire sous les Mérinides ces derniers étaient tout-puis-
sants. Un des fils de Mohammed-el-Mehdi, Abd-el-Moumen,
venge son père, tandis qu'un autre fils, Abou-Mohammed-
Abdallah, arrive de Fez et à Merrakech prend le pouvoir.
Il règne en despote et ne se signale guère que par les em-
bellissements qu'il fit dans sa capitale ; en 1573, son fils
Mohammed, qui était son khalife à Fez, lui succède. C'était
un demi-nègre, instruit, mais dur et sanguinaire, qui prit le
surnom d'El-Metouekkel, mais à peine était-il monté sur le
trône qu'un de ses oncles, Maulay-Abd-el-Malek, s'empare
de Fez, grâce à l'appui des Turcs et s'y fait proclamer sous
le nom d'El-Moatasem près de Merrakech même, tandis que
Mohammed demande l'appui des Portugais qui préparaient
justement à cette époque une expédition pour reconquérir
leurs possessions du Maroc. Grâce à lui, ils peuvent débarquer à Asilah un grand matériel de guerre et une armée
estimée, suivant les historiens du moment, à 30,000 hommes
et que les Arabes évaluent à 100,000. Ces troupes s'étant
mises en marche à la légère, et sans s'assurer d'aucune

base d'opérations, étaient conduites par le jeune roi dom
Sébastien qui, impatient d'en venir aux mains avec les mé-
créants, engagea le combat près d'Alkasar dans une situation défavorable, dans la plaine située entre le confluent de
l'ouâd El-Mekhazen et de l'ouâd Kous. Le sultan Abd-el-
Malek, malade, y était à la suite de son armée, tandis que
son frère, Abou l'Abbas-Ahmed, était arrivé de Fez avec
les contingents de cette partie de l'empire. Les troupes de
dom Sébastien furent entièrement défaites; le malheureux
roi se noya dans l'ouâd El-Mekhazen; le chérif Mohammed
son allié périt dans l'ouâd Kous et le sultan Abd-el-Malek
victorieux mourut dans sa litière au cours de l'action. On
appela cette journée la bataille des Trois-Rois; elle eut lieu
le 4 août 1578. A peine une soixantaine de chrétiens
s'échappèrent-ils; tout le reste fut tué ou fait prisonnier.
Cette victoire consolida le pouvoir d'Abou l'Abbas-Ahmed
qui fut proclamé dès que la mort d'Abd-el-Malek fut connue. Le nouveau sultan reçut le titre d'*El-Mansour* et plus
tard, après son expédition au Soudan, celui d'El-Dehebi ou
le Doré sous lequel il est connu dans l'histoire. Accueilli
avec enthousiasme pas les tribus, il ne tarda pas, s'il faut
en croire le *Nozhet el-Hâdi*, à recevoir des félicitations du
souverain de Stamboul, du pacha d'Alger, du roi de France
et de celui d'Espagne. Une ambassade du régent de Portugal vint signer la paix et consacra des sommes considérables
au *rachat des prisonniers*. Durant l'année 1581, El-Mansour entreprit une expédition dans le Sahara, au cours
de laquelle il leva des contributions de guerre jusque dans
les oasis de l'extrême Sud algérien. Sous son règne, les
Espagnols remplacèrent les Portugais dans l'occupation des
places qui étaient demeurées au Maroc entre les mains des
chrétiens, sauf Tanger. En 1588, ils faillirent perdre Ceuta
et l'année suivante ils évacuèrent Asilah après en avoir fait
sauter la citadelle. Avant de mourir, le sultan vit revenir
de Tombouctou ses troupes chargées d'un butin immense
en 1593. Son règne s'acheva, dans une tranquillité relative,
à orner sa capitale de Merrakech d'édifices somptueux.
Peu de temps avant sa fin, il eut pourtant de graves difficultés avec son fils, El-Mamoun, qu'il avait désigné comme
son héritier présomptif, mais qu'il dut combattre et faire
enfermer à Mequinez. Il mourut le 3 oct. 1603 à Fez après
un règne glorieux de vingt-cinq années, durant lequel il
porta la puissance des Saadiens à son apogée. Il laissait
cependant après sa mort la situation assez confuse, et
parmi ses enfants trois fils se disputaient le trône : c'était
là le commencement de la décadence de la dynastie.

Les ulémas de Fez proclamèrent Zidan, mais Abou-Farès,
qui était à Merrakech, réclama le pouvoir. Sur ces entrefaites, Mamoun, jusqu'alors enfermé à Mequinez, fut envoyé
à Merrakech où Abou-Farès lui confia le commandement de

ses troupes afin de lutter plus avantageusement contre Zidan.
Victorieux, Mamoun garde le trône tandis que Zidan se réfugie à Sidjilmassa et qu'Abou-Farès est battu à son tour. Le
règne de Mamoun fut peu brillant, scandalisant son peuple
par le spectacle de ses débauches. Zidan en profite pour
aller à Merrakech d'où il chasse le frère de Mamoun. Mais
bientôt un nouveau compétiteur, Maulay-Mohammed, frère
d'Abd-el-Moumen, profite de l'anarchie pour entrer en
vainqueur à Fez (1608). La lutte se continue entre Zidan,
rappelé par la population, et Abdallah. Ce dernier est défait. Sur ces entrefaites, Mamoun, Abdallah, Abou-Farès
et Abd-el-Malek se réfugient tous à Alkasar. Mamoun passe
en Espagne où il offre son concours à Philippe II et par
ses intrigues fait entrer les Espagnols dans la place de
Larache (1610). Abou-Farès et Abdallah périssent tous
deux dans une tentative qu'ils font pour s'emparer de Fez
(1609). C'est alors l'anarchie la plus complète qui règne
dans le pays; Mamoun est tué aux environs de Tétouan en
1612. La nouvelle de l'occupation de Larache par les chrétiens souleva le fanatisme des populations ; l'influence
occulte des confréries telles que celle des Rahmania s'en
augmenta. Le foyer de cette agitation religieuse était à
Sidjilmassa et dans la région de l'ouad Saoura où un certain Abou-Mahalli, d'une famille berbère arabisée, préchait
le retour à la religion dans sa pureté et l'abandon des pra-
tiques hérétiques. Ayant enflammé les tribus de ces régions, il s'empare en 1611 de l'oasis de Sidjilmassa, et
jusque dans le Draa il inflige une sanglante défaite aux
troupes de Zidan. Autour du chérif saadien, les défections
se multiplient; il est forcé d'abandonner la ville de Merrakech et se réfugie à Safi. Mais Mahalli est tué au cours
de la lutte qui s'engage entre lui et un autre marabout très
influent dans tout l'Atlas, un certain Yahia-ben-Abd-el-
Namoun-Daouedi. Pendant toute cette période, le désordre
règne aussi dans le N. du pays et en particulier à Fez où
la tyrannie de la tribu des Cheraga provoque une révolu-
tion. A tous ces maux il fallait y joindre la famine. Les
Espagnols en profitèrent pour s'emparer en 1614 de la
Mamoura, petite localité située à l'embouchure du fleuve
Sebou et d'où ils chassèrent une colonie de marchands
anglais qui y étaient établis et vivaient en paix avec les
tribus environnantes. Après une série de luttes sans fin,
Abdallah succomba à ses vices en mai 1624. Son frère
Abd-el-Malek monta sur le trône, offrant, nous disent les
chroniqueurs arabes, le spectacle des mêmes infamies; il
ne régna que durant trois ans, tandis que Zidan à Merrakech exerça obscurément le pouvoir jusqu'en 1631. Plusieurs marabouts influents engagent alors la lutte contre
les chrétiens sur la côte. Le plus en vue fut un nommé
Sidi-Mohammed-el-Aïach de Salé qui, nommé gouver-

neur d'Azemmour par Zidan, ne cessa de harceler les Espagnols à la Mamoura et à Mersa-el-Halk, près de Larache.
Parmi tous les Berbères, était alors un marabout, Mohammed-el-Hadj, de la zaouïa de Dela, dont la voix était
écoutée; à leur tête, il s'empare même de Fez, de Mequinez, de la vallée de la Molouïa. Le sultan Mohammed-
Cheikh II, qui régnait alors à Merrakech où il avait succédé
à El-Oualid, frère d'Abd-el-Malek, est battu et lui concède le
territoire jusqu'à l'ouàd El-Abid. Sur ces entrefaites, un
autre marabout, Maulay-Chérif, avait de Sidjilmassa étendu
sa prépondérance dans toutes les régions sahariennes environnantes. La lutte s'engage entre ses partisans et ceux
de Mohammed-el-Hadj. Vers 1646, un accord intervient
aux termes desquel les territoires au S. de l'Atlas demeu-
raient la propriété des frères de Maulay-Ali-Chérif, tandis
que la région septentrionale, avec Fez comme capitale, reve-
nait aux partisans de Mohammed-el-Hadj. Cependant Maulay-
Mohammed, frère de Maulay-Chérif, soutenu par les Arabes,
se met en campagne vers 1647 et ne tarde pas à s'emparer
d'Oudjda; il étend son action jusqu'aux environs de Saïda.
Cependant ces succès avaient eu un grand retentissement
au Maroc et particulièrement à Fez dont la population sup-
portait malaisément le joug des marabouts berbères. Maulay-Mohammed y est appelé et y est reçu comme un libéra-
teur, mais il ne tarde pas à en être chassé par Mohammed-
el-Hadj. Il rentra à Sidjilmassa. En 1654, Mohammed-
el-Cheikh, sultan de Merrakech, termina obscurément sa vie.
Son fils, Maulay-Ahmed-el-Abbas, lui succéda; il semble
avoir borné son ambition à assurer la conservation de son
petit royaume, mais ses parents par alliance, les Chebanat,
ne tardèrent pas à le lui disputer. Durant l'année 1664,
la ville de Tanger est cédée par les Portugais aux Anglais,
car elle faisait partie de la dot apportée par Catherine de
Bragance lors de son mariage avec Charles II.

Chronologie des chérifs saadiens ayant régné. Abou
l'Abbas-el-Aaradj, à Merrakech, 1520 à 1543; Abou-Abd-
allah-Mohammed-Cheikh-el-Mehdi, à Merrakech, août 1543;
le même, à Merrakech et à Fez, 1550 à 1554; le même,
à Merrakech et à Fez, 1554-57; Maulay-Mohammed-Abd-
allah, dit El-Ghalel b'Illab, 1557-73; Abou-Abdallah-Mohammed, fils du précédent, dit El-Moatasem, 1573; Abou-
Merouan-Abd-el-Malek, oncle du précédent, 1573-78; Abou
l'Abbas-Ahmed, dit El-Mansour ou El-Dehebi, frère du précédent, 1578-1603; ses fils se disputent le trône, 1603;
Abdallah-Abou-Farès, dit El-Ouatsek, à Merrakech, 1603-7;
El-Mamoun-Cheikh, à Fez, 1604-8; le même, à Merrakech,
1607-8; Zidan, à Merrakech, 1608-27; Abdallah, fils
d'El-Mamoun, à Fez, 1609-24; Abd-el-Malek, frère d'El-
Mamoun, à Fez, 1624-27; Abd-el-Malek, fils de Zidan,
à Merrakech, 1627-31; Abou l'Abbas-Ahmed II, fils de

Zidan, à Fez, 1627-28; El-Oualid, fils de Zidan, à Mer-rakech, 1634-36; Mohammed-Cheikh II, fils de Zidan, à Merrakech, 1636-54; Maulay-Ahmed-el-Abbas, fils du précédent, à Merrakech, 1654.

LES CHÉRIFS FILALI OU HASANI (des environs de 1664 jusqu'à nos jours [1896]). — Après la mort de Maulay-Ahmed-el-Abbas, dernier prince saadien, Er-Rechid, un des fils de Maulay-Ali-Chérif, le chef de la zaouïa de Sidjilmassa, dans l'oasis du Tafilalet, se fait proclamer sultan à Oudjda; il combat et tue son frère Maulay-Mohammed et s'empare en-suite du Tafilalet en 1665. C'est là le commencement de la dynastie des chérifs filali qui règne encore de nos jours au Maroc. En 1667, Er-Rechid s'empare de Taza et en-suite de Fez qui obéissait à un certain Ed-Dreïdi, puis il s'occupe de combattre un agitateur du nom de Ghilan, maure d'origine andalouse, qui avait réussi à établir sa domination dans toute la province d'Alkasar, dans celle de Tanger et aux environs de Tétouan et qui venait de conclure une sorte de pacte d'alliance avec lord Bellasis, le gouverneur anglais de Tanger. Ghilan, battu, s'em-barque à Asilah et se réfugie à Alger. Au retour de cette campagne, le sultan soumet les Beni-Zeroual et toute la majeure partie des Djebala, puis il s'empare dans le centre de l'empire de la fameuse zaouïa de Dela qu'il détruit en en dispersant les marabouts, et, l'année suivante, il franchit l'Atlas pour ranger sous son autorité les Aït-Aïach. Rentré à Fez, il embellit cette ville; on lui doit notamment le grand pont qui se voit encore sur l'ouàd Sebou et la kasba dite d'El-Khemis actuellement en ruine, mais qui avait été construite pour assurer la sécurité de la route de Fez à Mequinez. En 1670, Maulay-er-Rechid conquit le Sous et s'empara de Taroudant. Il mourut à Mer-rakech, en 1672, d'un accident de cheval. L'œuvre de ce souverain est considérable, et avec lui commence réelle-ment la période moderne de l'histoire du Maroc; on voit déjà y figurer les tribus de nos jours. Er-Rechid, en détrui-sant l'autorité des marabouts et des petits chefs qui ren-daient toute action gouvernementale impossible, avait étendu sa puissance d'Oudjda à l'ouàd Sous, préparant ainsi le grand règne de son frère Maulay-Ismaïl. A peine monté sur le trône, ce dernier eut à combattre plusieurs compéti-teurs : son frère Maulay-el-Harran, qui se fit proclamer sultan au Tafilalet en étendant son autorité sur les régions sahariennes, puis son neveu Ahmed-ben-Mahrez qui était reconnu à Merrakech et dans les environs, enfin le fameux Ghilan, revenu d'Algérie, avait reparu dans le Rif, aidé par un corps de Turcs. Grâce à la vaillante énergie qui est le trait saillant de son caractère, Maulay-Ismaïl ne tarda pas à venir à bout de toutes ces difficultés. Ghilan est tué à

Fez en 1673 ; la ville est frappée d'une lourde imposition ;
les troupes de Ben-Mahrez sont défaites dans le Tadela et,
après trois années de luttes acharnées, le nouveau sultan entre
à Merrakech, tandis que Maulay-el-Harran était pris au
Tafilalet et interné. Maulay-Ismaïl s'occupa alors avec une
grande activité, devenue légendaire au Maroc, des affaires
de son empire. Il embellit et transforma complètement
Mequinez (V. ce mot) dont il fit sa résidence favorite. Il
s'appliqua à resserrer ses relations avec la France ; l'ambassade qu'il envoya à Versailles sous la conduite de Ben-
Aïssa pour demander à Louis XIV la main de la princesse
de Conti est restée célèbre ; il reçut en 1682 la mission
du baron de Saint-Amand. Tout en maintenant un étroit
blocus autour de la place de Tanger, il entretint de bonnes
relations avec les marchands de Londres. Il organisa son
armée d'une manière solide et nouvelle ; ayant fait venir
de grandes quantités de nègres du Soudan, il créa de véritables colonies agricoles qui constituaient en même temps
le personnel de sa garde. Ces cavaliers placés sous le patro-
nage d'un saint commentateur du Coran, Sidi-el-Boukhari,
conservèrent dans la suite le titre d'Abid-Boukhari ou esclaves de Boukhari. A la fin de son règne, leur nombre
atteignait 150,000 ; jamais le Maroc ne devait retrouver
semblable force militaire. Pour compléter l'organisation
de sa domination, Maulay-Ismaïl fit élever sur tous les points
stratégiques de son empire et le long de toutes les routes
une série de kasba ou forts qui assuraient la tranquillité
et dont on voit encore les ruines dans des régions où de
nos jours l'autorité des sultans n'est souvent pas même
nominale. Une expédition hasardeuse, qu'il conduisit lui-
même jusqu'en Algérie, échoua sur les bords du Chélif de
par la désertion des Arabes, mais un de ses neveux, Ahmed,
réussit à mener ses troupes jusqu'au Soudan. Maulay-Ismaïl
poursuivit avec la plus grande énergie la guerre contre les
places que les chrétiens détenaient encore à cette époque,
mais il ne put rien contre Ceuta après s'être emparé de la
Mamoura (V. Mehedhyia). Enfin, en 1683, le Parlement
anglais ayant résolu l'évacuation de Tanger, les troupes
chérifiennes occupèrent la ville en 1684 dont les Anglais
avaient détruit les principales fortifications ainsi que le
môle, ouvrages qui leur avaient coûté, quelques années auparavant, tant de peines et tant d'argent (V. Tanger). La joie
des musulmans fut très grande, d'autant que, peu après,
Larache et Asilah retombèrent aussi au pouvoir de Maulay-
Ismaïl, dont la gloire se trouva portée comme à son apogée. Il ne demeurait plus entre les mains des chrétiens
que Ceuta, Melilla et Mazagan. Dégagée du fatras des ra-
contars qui, longtemps, firent autorité sur ce prince et que
nous ont légués les récits nombreux des esclaves ou des
religieux qui se rendaient au Maroc, au xviiiᵉ siècle, y ra-

7

cheter des captifs, la vie de Maulay-Ismaïl est la plus grande
page de l'histoire du Maroc. Dans la dynastie des Filali, il
tient une place qui ne le cède en rien comme importance
à l'œuvre accomplie à celle d'El-Mansour, des chérifs saadiens. Il mourut à Mequinez le 22 mars 1727 à l'âge de
quatre-vingts ans, après un règne de cinquante-sept ans. Si
l'on en croit les récits populaires, Maulay-Ismaïl aurait eu
528 garçons et un nombre égal de filles; les prisons con-
tenaient 25,000 captifs chrétiens et environ 30,000 cri-
minels; le jour, tous ces prisonniers étaient employés aux
immenses travaux que ce souverain ne cessa de faire
entreprendre durant sa vie (V. MEQUINEZ). A sa mort, il
laissait le pays dans la plus grande prospérité et dans la
tranquillité la plus parfaite; d'Oudjda jusqu'à l'ouâd Noun
il en était ainsi. Maulay-Ismaïl, pour reprendre et développer l'œuvre politique des Saadiens, n'avait cessé de combattre et de détruire les influences locales acquises par
certains chefs et marabouts; pour augmenter son autorité
religieuse, il favorisa la confrérie de Maulay-Taïeb et fut le
premier à lui donner l'importance qu'elle a conservée de
nos jours (V. OUAZZAN).

Son fils, Ahmed, surnommé El-Dehebi, à la suite de
son expédition au Soudan, lui succéda, mais le mécontent-
tement que provoqua la rapacité des nouveaux gouverneurs de province ne tarda pas à amener la rébellion dans
l'empire. La garde noire elle-même se révolte; le pacha
de Fez est massacré; Maulay-Abd-el-Malek en profite pour
se faire proclamer à Merrakech, puis pour entrer à Mequinez, tandis qu'Ahmed est déchu. L'agitation est alors générale; Ahmed qui s'était réfugié au Tafilalet est rappelé; le
pays se trouve partagé entre deux souverains. A sa mort,
le Nord est disputé entre son fils Abou-Farès et Maulay-
Abdallah, frère d'Ahmed, né d'une esclave anglaise. Abdallah
l'emporte et, après six mois d'un siège assez rigoureux,
s'empare de Fez. Sur ces entrefaites, une grande révolte
des Berbères se déclare et ajoute encore à la confusion.
Abdallah, se défiant de la fidélité de la garde noire, veut
l'amoindrir, mais les chefs des Abid-Boukhari préviennent
ses desseins en le déposant en sept. 1734 au profit de son
frère Maulay-Ali. Ce dernier arrivait du Tafilalet, mais à
son tour il est chassé par la garde qui reprend Maulay-
Abdallah pour peu de temps, car des intrigues remettent
bientôt en disgrâce ce dernier. Cette situation se prolonge; on voit successivement arriver Maulay-Mohammed
qui, jusqu'alors, était assiégé dans Fez, puis à nouveau
Maulay-Abdallah jusqu'au moment où Maulay-Mostadi,
dont la mère passait pour avoir des relations avec le chef
des Abid-Boukhari, se fait proclamer. L'empire se trouve
à nouveau divisé; Mostadi, soutenu par les provinces des
Beni-Hasan et par le Gharb, est battu par Maulay-Abdal-

lah, qui regagne des partisans dans la garde et surtout dans
la grande tribu des *Oudaïa* (V. ce mot). Maulay-Abdallah,
maître du pouvoir pour la sixième fois vers 1742, peut
régner dans une paix relative, grâce à l'affaiblissement
des Boukhari décimés dans cette suite de révolutions. Il
mourut en 1757 à Fez. Son fils Sidi-Mohammed parut
surtout s'attacher à développer et à définir les relations
commerciales avec les pays d'Europe ; le Danemark, la
Suède, les États-Unis, la France passèrent des traités. Sous
son règne eut lieu la malheureuse affaire dite de Larache,
au cours de laquelle une escadre française, commandée par
Du Chaffaut et qui venait de bombarder Salé et Rabat,
dont les corsaires avaient insulté notre pavillon, perdit
450 hommes dans la rivière du Kous. Le comte de Breugnon vint en 1767 racheter à la cour les captifs et signer
un traité de commerce qui servit de base, jusqu'à nos jours,
aux relations de la France avec le Maroc. M. de Breugnon
laissa comme consul Chenier qui s'installa à Salé et qui,
plus tard, devait être envoyé à Constantinople. Le sultan
Sidi-Mohammed, le premier, autorisa l'exportation des
grains, condamnée auparavant et maintes fois dans la suite
par le fanatisme intransigeant de la cour chérifienne qui
refuse, comme illicite et impure, la vente de céréales aux
infidèles. C'est à ce souverain que l'on doit la fondation de
Mogador (V. ce mot), construite sur les plans de l'ingénieur français Cornut. Il entreprit le siège de Melilla, opération stérile à laquelle on raconte qu'il consacra plus de
30 millions ; sous son règne, les Portugais évacuèrent la
petite ville de Mazagan en 1769, dernier vestige de leurs
anciennes possessions. En 1777, fut signé un traité avec
la Hollande, qui mettait fin à des difficultés survenues entre
les deux pays et au cours desquelles la flotte hollandaise
avait brûlé des bâtiments marocains à l'embouchure du
Kous et du Sebou. Le sultan Sidi-Mohammed licencia durant son règne la plus grande partie de la garde noire,
et lorsqu'il mourut, le 11 avr. 1790, il laissa une grande
réputation de sagesse et de modération. On a prétendu, et
non sans raison, que l'intelligence de son gouvernement pro-
venait en partie du nombre considérable de chrétiens et de
renégats dont il s'était entouré ; le Triestin Petrobelli, le
Toscan Petro Muti, le Génois Chiappe furent, en effet, parmi
ses principaux ministres. 800 renégats espagnols et portugais étaient distribués dans les places de l'empire, et Bois-
selin, fils d'un chapelier de Paris, commandait à Mogador
une troupe de 250 renégats français. D'une de ses femmes,
fille d'un renégat irlandais, il eut Maulay-Yezid ; il employa
aussi un juif de Marseille, et le caïd Driss, qui était son
premier chambellan, était un renégat mahonais. Au moment de sa fin, il se disposait à aller châtier son fils qui
était entré en rébellion. Maulay-Yezid régna peu de temps.

D'abord proclamé à Tétouan, puis à Rabat et à Salé, il se signala par son extrême cupidité ; obéissant à ce sentiment, il fit piller les juiveries. Il était fanatique et signa en 1791, néanmoins, avec les Anglais, un traité qui leur accordait de très grands avantages. L'art. III leur reconnaissait le droit d'aller, venir, vendre, résider, voyager, louer ou bâtir des maisons et magasins dans ses Etats. A la mort de Maulay-Yezid, la lutte s'engage entre ses frères ; ce fut Moulay-Seliman qui l'emporta. Proclamé à Rabat et à Tanger, il se hâte d'affermir son pouvoir en ouvrant des relations avec les puissances étrangères et par un gouvernement empreint de justice et de douceur. En 1795, la République française décida de transférer le consulat de Salé à Tanger afin de mieux surveiller la politique des Anglais et des Espagnols. Plus tard, la bataille de Trafalgar porta un coup sensible à notre situation au Maroc et fit passer la suprématie relative, que nous y exercions depuis Louis XIV, aux mains de l'Angleterre. Maulay-Seliman envoya cependant une ambassade à Saint-Cloud, dont le chef, Hadj-Driss-Errâni, dans une audience solennelle, le 6 sept. 1807, décerna à Napoléon le titre de sultan des sultans ; mais une mission confiée peu après au capitaine Burel, pour faire sortir le chérif de sa neutralité bienveillante vis-à-vis des Anglais, échoua. Ce fut durant ce règne que se fonda, au S. du *Sous* (V. ce mot), le petit Etat indépendant de Sidi-Hécham. Le grand honneur de Maulay-Seliman fut de mettre fin à la piraterie qu'exerçaient ses populations maritimes ; il prit même l'engagement, qu'il tint religieusement, de racheter les captifs qui seraient faits dans l'extrême S. à la suite des naufrages. Les dernières années de son règne furent attristées par une grande révolte des Berbères du centre de l'empire. Les Aït-Iousi, les Beni-Meguiled, les Zaïan surprirent le camp impérial, le pillèrent, et le sultan lui-même ne dut le salut qu'au dévouement d'un berger qui, en le couvrant de son burnous, l'aida à fuir. Assiégé ensuite dans Mequinez, il voit Fez tomber aux mains de son neveu, Maulay-Brahim, que les intrigues et l'influence des chérifs d'Ouazzan y avaient fait reconnaître pour quelque temps. L'insurrection passe ensuite aux mains de Maulay-Saïd, prince énergique que Maulay-Seliman parvient néanmoins à exiler au Tafilalet. Avant de mourir, le 28 nov. 1822, le sultan avait désigné comme son héritier son neveu Maulay-Abderraman. Les commencements du nouveau règne furent, comme d'habitude, au Maroc, assez troublés. En 1825, arriva à Fez une ambassade française, et, peu après, le sultan eut des difficultés avec l'Angleterre qui bloqua les côtes, puis avec les Autrichiens qui bombardèrent quelques ports, mais subirent un échec assez grave près de Laräche. La prise d'Alger et l'occupation d'Oran devaient avoir un profond retentisse-

ment au Maroc et à la cour chérifienne en particulier. On
sait que Maulay-Abderraman essaya alors de s'emparer de
Tlemcen ; il y était également poussé par l'orgueil fanatique de son entourage et par les intrigues étrangères. La
mission du comte d'Auvray envoyée à cet effet à la cour
de Fez pour faire renoncer le chérif à ses visées ne paraît
pas avoir eu grand effet, car Abderraman n'en persista
pas moins à charger son neveu Maulay-Ali de garder le
royaume de Tlemcen, et il envoya lui-même des agents jusqu'à Médéa et à Miliana se faire reconnaître par les populations comme gouverneurs au nom du Makhzen marocain.
Il fallut la mission spéciale de M. de Mornay qui, en 1832,
se rendit à Mequinez lui porter un ultimatum très net pour
le faire renoncer à ses prétentions. Dans la suite, la cour chérifienne n'en devait pas moins aider de toute son influence
Abd-el-Kader qui reçut même, dit-on, à Taza, un burnous
d'investiture d'Abderraman. Ce fut, du reste, par la voie
du Maroc qu'Abd-el-Kader tira tous ses approvisionne-
ments et munitions durant sa lutte contre les Français en
Algérie. On en eut les preuves les plus décisives, et le colo-
nel de Larue fut envoyé à Mequinez afin de rappeler le
sultan à l'observation de sa neutralité. La révolte des Oudaïa qui arriva sur ces entrefaites devait l'y forcer tout
naturellement ; mais, peu après, les difficultés augmentèrent
le long de la frontière oranaise que les Marocains voulaient
reculer à la Tafna. Le sultan ayant concentré des troupes
considérables à Oudjda, l'audace guerrière des populations
ne cessa d'augmenter ; la situation devint intolérable jusqu'au moment où les agressions se multiplièrent. Le maréchal Bugeaud dut engager l'action, prendre Oudjda et
enfin, le 14 août 1844, l'armée marocaine commandée par
Sidi-Mohammed, fils d'Abderraman, fut complètement défaite à la bataille de l'Isly. Pendant ce temps, le prince de
Joinville bombardait Tanger et Mogador. La paix fut ensuite conclue ; la France obtenait du gouvernement marocain la mise hors la loi du rebelle Abd-el-Kader et
comme frontière celle qui était reconnue à l'époque de
la domination turque. Vers 1850, des difficultés s'élevèrent à nouveau avec la cour de Fez, à la suite du refus
du sultan d'admettre la correspondance directe entre lui
et notre chargé d'affaires de France. Le bombardement
de Salé en 1851 par une escadre française inspira au
chérif une plus saine appréciation des choses. Maulay-
Abderraman mourut le 6 sept. 1859. Son fils, Sidi-Mohammed, lui succéda au moment de graves difficultés survenues avec l'Espagne. Les délimitations défectueuses des
présides et, en particulier, du territoire de Ceuta, avaient
amené une série d'incidents graves. Le gouvernement de
Madrid résolut alors l'expédition dite de 1859 ou de Tétouan
qui dura six mois, nécessita une armée d'environ 40,000

hommes, se termina par la prise de Tétouan et par le traité de l'Ouâd-Ras. On connaît l'action diplomatique toute-puissante à cette occasion de l'Angleterre, les engagements exigés du cabinet de Madrid avant le commencement de la campagne et enfin l'arrêt brusque de l'armée d'O'Donnel et de Prim sur le chemin de Tétouan à Tanger. Pendant cette expédition, la France avait prêté à l'Espagne un matériel de guerre assez considérable, et une escadre française avait bombardé les forts marocains de l'embouchure de la rivière de Tétouan. Par le traité qui mettait fin à cette guerre, l'Espagne obtenait de grandes satisfactions et entre autres le pavement d'une indemnité de 100 millions. Après cette rude défaite, le sultan Sidi-Mohammed régna en paix jusqu'en 1873 et, éclairé par l'expérience, résista aux intrigues des rivaux de la France qui le poussèrent en 1870 à profiter de la guerre franco-allemande pour semer la révolte dans la province d'Oran.

A sa mort, qui survint à Merrakech, un de ses fils, Maulay-el-Hasan, fut nommé en 1873 à l'exclusion de son frère aîné, Maulay-Othman. Très aimé par l'armée, il ne rencontra pas d'opposition violente dans sa famille ; il n'en fut pas de même dans le pays, et il lui fallut d'abord se transporter à l'extrémité orientale de son empire, à Oudjda, où un de ses caïds, El-Hadj-Mohammed-ould-el-Bachir, lui causait de graves embarras avec les autorités algériennes. Durant la route, le sultan essuya une véritable défaite aux environs de Tuza, de la part de la tribu des Ghyiâtsa. Rentré à Merrakech, Maulay-el-Hasan résolut d'asseoir son gouvernement dans la province du Sous ; cette opération considérable et des plus difficiles nécessita deux expéditions. En somme, les premières années de ce règne furent consacrées de 1873 à 1888 à faire reconnaître, puis à consolider son autorité dans les régions accessibles de l'empire qu'il parcourait sans cesse et presque chaque année, de Maroc à Fez, de Fez à Oudjda, pour ensuite revenir au cœur de ses Etats. Par deux fois, il se rendit au Sous, tandis que, par une habile politique de rapprochement, puis d'alliance avec les marabouts du Tadela, il s'assurait le concours précieux et indépendant d'un chef tout-puissant, le caïd Mohammed-ou-Hammou, de la grande tribu des Zaïon. Vers la fin de 1887, Maulay-el-Hasan consacra les ressources que lui avaient données sa diplomatie intérieure et la domination des territoires qui lui étaient soumis pour entreprendre la lutte contre l'influence de la secte religieuse des Derkaoui, et il ne cessa aussi de combattre l'hégémonie berbère. L'expédition chez les Beni-Meguiled, au S. de Mequinez, n'avait d'autre but ; enfin et après la mort du chérif El-Arbi-el-Derkaoui dont la zaouïa était dans le Medaghara, sur la limite des oasis de Tafilalet, le sultan se rendit lui-même, à la tête d'une armée nom-

breuse, dans ces régions méridionales. Il tenta de développer
son influence dans toutes les contrées sahariennes environnantes, mais des difficultés très graves survenues aux environs de Melilla avec le gouvernement espagnol le forcèrent
à rentrer à Merrakech où il reçut l'ambassade du maréchal
Martinez Campos. Il signa un traité qui mettait fin à ces difficultés et qui accordait à l'Espagne une indemnité de 20 millions de pesetas. Au printemps de 1894, Maulay-el-Hasan
se mit en route pour gagner le N. de son empire, mais il
mourut en route entre Merrakech et Rabat, au campement
de Dar-ould-Ziddou le 6 juin. Durant tout son règne, ce
souverain, d'une activité infatigable, et qui, presque chaque
année, prenait la tête de ses troupes pour quelque expédition, s'attacha d'autre part, grâce à sa diplomatie que
secondèrent les jalousies des puissances, à maintenir la
barrière qui ferme encore le Maghreb el-Acsa à l'activité
européenne. Les traités de commerce qu'il signa témoignent
de cette volonté par le peu de concession qu'il fit. En 1881,
avait eu lieu à Madrid une conférence internationale pour
les affaires du Maroc ; aidé, conseillé, soutenu par la diplomatie anglaise, le gouvernement marocain rendit comme
nul cet essai de modification à l'état de choses assez barbare qui caractérise le Maroc. Le jeune Abd-el-Aziz, fils
d'une Circassienne, a succédé à son père à l'âge de quatorze ans.

*Chronologie de la dynastie des chérifs filali ou
hasani.* Maulay-Chérif, fils d'Ali-el-Hasani, maître du Tafilalet, 1633 ; Mohammed, son fils, 1637 ; le même, à Fez,
1649 ; Maulay-er-Rechid, frère du précédent, 1664 ; Abou-
Naser-Ismaïl, plus connu sous le nom de Maulay-Ismaïl,
son frère, 1672 ; Ahmed-ed-Dehebi, son fils, 1727 ; Abd-
el-Malck, son frère, 1728 ; Abdallah, frère des précédents,
1729 ; Ali, son frère, 1735 ; Abdallah revient, 1736 ;
Mohammed-ben-Ariba, leur frère, 1736 ; El-Mostadi, leur
frère, 1738 ; Abdallah, pour la troisième fois, 1740 ;
Mohammed, son fils, 1748 ; Maulay-Yezid, son fils, 1789 ;
Maulay-Seliman, son frère, 1792 ; Maulay-Abderraman,
son neveu, 1822 ; Sidi-Mohammed, son fils, 1859 ; Maulay-el-Hasan, son fils, 1873 ; Maulay-Abd-el-Aziz, son fils,
1894.

Langage — On parle au Maroc un arabe qui est, à peu
de chose près, l'arabe vulgaire d'Algérie. On y rencontre
cependant une plus grande quantité de mots espagnols et
principalement dans les régions voisines de la mer par le
fait de l'influence andalouse à la fin du moyen âge et aussi
du nombre considérable de juifs émigrés de la péninsule.
Quant au tamazigh ou *berbère* (V. ce mot), c'est la langue
des autochtones, par conséquent de la majeure partie de la
population. Dans tout le massif montagneux de l'Atlas, on

ne parle que le tamazigh qui, cependant, ne s'écrit plus.
Dans le Rif, on parle les deux langues, l'arabe et le
berbère, et, dans nombre de régions du Maroc, on emploie
pour dénommer les tribus les deux appellations arabe et
tamazigh; ainsi on dit indifféremment en arabe Metouga
ou Imtouga en tamazigh, et Seketana ou Isektân, Zenâga
ou Iznagen, etc. Quant à l'espagnol, il n'est guère utilisé
qu'à Tanger où, du reste, la population européenne a de
même et quelque peu répandu l'anglais et le français.

Littérature et sciences. — Le Maroc a longtemps joui
d'une réputation littéraire et scientifique méritée ; durant
une longue période, ses écoles ont été les premières du
monde musulman ; c'est là que s'élaborait ce que l'on a
appelé la civilisation arabe, qui partait du Maroc pour
briller en Espagne (G. Charmes). Mais de toute cette lointaine gloire, il ne reste plus rien. La fanatique théocratie
du gouvernement des chérifs a étouffé toute manifestation
intellectuelle; tout ce qui n'a pas trait uniquement à l'étude
irraisonnée et comme mécanique des livres saints est con-
damné, et dans les fameuses bibliothèques des mosquées de
Fez, qui passèrent durant longtemps pour si riches, on ne
trouve plus rien que de la théologie, car là plus qu'ailleurs
le fanatisme musulman s'est exercé avec une impitoyable
rigueur. De nos jours, dans ce pays qui a vu naître
Averrhoès, Ibn-Batouta, etc., on n'enseigne plus et encore
seulement à la grande école d'El-Qarouïn de Fez que les
matières suivantes : les traditions, les dogmes, le droit, la
grammaire, la rhétorique, la métaphysique, la théologie et
un peu de prosodie et d'arithmétique. Les cours de droit
et de théologie sont les seuls qui soient très fréquentés, et
c'est à peine si on trouve dans le Maroc quelques vieux
fekih ayant encore quelques notions d'astronomie. Au reste,
la théologie se confond au Maroc avec la jurisprudence;
elle embrasse l'étude du Coran et de ses commentateurs
les plus autorisés, Sidi-el-Boukhari, Sidi-Khaled, Ibn-
Ghazi, etc. Quant à l'alchimie, elle y est encore très en
faveur. On ne peut pas dire que la musique au Maroc
mérite d'être décorée du titre d'art; cependant elle y revêt
certains caractères très curieux et le Danois Höst en a donné
à la fin du siècle dernier une description et une étude très
intéressantes.

Architecture. — L'architecture a atteint au Maroc un
haut degré de perfection, et encore aujourd'hui certains
monuments que l'on y voit sont construits avec l'ampleur
de style que l'on admire dans les anciens palais mauresques
de l'Andalousie. Néanmoins, on ne bâtit plus guère d'édifices publics au Maroc; ce pays vit en effet en cela, comme
en tout, bien plutôt sur son passé. On retrouve la trace de

la splendeur de jadis au Maghreb dans les minarets et dans
les mosquées du Maroc. Ces dernières n'ont pas, on le
sait, les minarets ronds et élancés de l'Orient, mais des
tours quadrangulaires ou octogones consistant en plusieurs étages et souvent décorées d'arabesques ou d'ogives
pleines de grâce. Le minaret marocain est tout différent de
forme de celui de l'Orient proprement dit ; sa monotonie
architecturale le place peut-être au-dessous des minarets
du Caire, car il ressemble un peu trop à une tour ; mais
combien sont gracieuses, fines, légères et multiples les or-
nementations dont ses faces extérieures sont recouvertes
(V. ARCHITECTURE MUSULMANE, t. III, p. 715, fig. 2). On
connaît la Giralda de Séville, mutilée et abîmée par les Espagnols, mais les minarets de la Koutoubia, à Merrakech,
de Hasan, à Rabat, sont les modèles les plus parfaits de
l'art arabe d'Occident. Ils vont se rétrécissant de la base
au sommet, diminués insensiblement et toutefois assez
réellement pour que leurs lignes générales en acquièrent
une plus grande légèreté. Leur décoration extérieure est
fort élégante ; elles sont couvertes d'une sorte de treillis
qui les rend encore plus sveltes et qu'augmentent encore
les décorations en bas-relief et les découpures qui s'y
voient. Dans les minarets plus modernes, l'emploi de
faïences vertes, jaunes, noires, par l'éclat de la coloration,
est d'un effet très artistique et très spécial. Les mosquées
du Maroc n'ont pas de coupoles, mais de simples toits en
pente généralement formés de tuiles vertes ; aucune décoration, sauf le minaret, et parfois les portes n'existent pas
à l'extérieur : telle la porte de la mosquée El-Andalouss, à
Fez, monument du plus grand style, composé d'un arc
gigantesque qui, semblable à la plupart des arcs du Maghreb,
n'est pas formé d'une seule ligne courbe, mais d'une série
de petits arcs reliés les uns aux autres et laissant pendre
leurs extrémités comme une légère dentelure sur le vide
de l'arcade. Cette recherche d'élégance, qui n'est pas sans
mièvrerie, surtout dans une œuvre pleine de grandeur,
n'est pas non plus sans grâce. L'intérieur des mosquées du
Maroc, où un chrétien ne saurait tenter de pénétrer, se
compose en général d'une série de nefs qui s'étendent de
tous côtés autour d'une cour centrale où se trouve la fon-
taine des ablutions. Ces nefs sont formées par des arcs
reposant sur de gros piliers massifs et carrés ou sur des
colonnes. Le tout est d'une grande simplicité, sans ornements ; des lampes ou des lustres offerts par la piété des
fidèles et des nattes par terre constituent la seule décoration. La cour centrale des mosquées est, au contraire, et
généralement remplie d'arabesques et d'ornements. Dans
quelques-unes, notamment à Fez, on y voit des manières
de kiosque du genre de ceux de la cour des Lions, à l'Alham-
bra, mais plus grands et plus beaux. De légères colonnes

supportent des arcades au-dessus desquelles et entre lesquelles courent les arabesques les plus fleuries. Des auvents sculptés, des corniches en bois recouvrent le tout. Les Marocains, quoique bien dégénérés, ont cependant conservé une grande habileté dans la fabrication des mosaïques, de petits carreaux de faïence (appelés zelidjs) et dont ils combinent les dessins et les couleurs avec une adresse merveilleuse. Il en est de même pour certains travaux d'ornementation peinte sur bois et pour les sculptures que l'on remarque autant sur les plafonds d'intérieur, où se voient des poutres sculptées avec infiniment de délicatesse, que dans les dispositifs des pendentifs en stalactites coloriées. Certaines portes de villes, celles de Mequinez, de Mehedia, de la Kasba de Merrakech, sont des monuments remarquables où la grâce et la délicatesse de l'ornementation s'allient au caractère grandiose et imposant. Malheureusement, sauf d'assez rares exceptions, les monuments du Maroc sont en pisé, et la durée de ces matériaux est assez limitée. Comme vestiges de l'occupation étrangère au Maroc et de l'époque moderne, on peut citer la citadelle espagnole de Larache et les murailles portugaises de la petite ville de Mazagan, aussi bien que d'intéressantes ruines de la même époque qui se voient encore à Asilah.

Religion. — Théocratie. — Le sultan marocain est avant tout et par-dessus tout un chef religieux ; sa véritable fonction est d'être pontife et par obligation, car s'il voulait cesser de l'être on le verrait immédiatement chassé du trône par un chérif qui serait plus saint et professerait une orthodoxie plus rigoureuse. On conçoit alors la théocratie étroite qui régit le gouvernement de ce pays, où tout s'explique par le Coran, dont les versets sont des axiomes dont il est interdit de s'écarter. Au Maroc, les textes de certains commentateurs du Coran, tels qu'El-Beïdaouï ou El-Boukhari, sont révérés à l'égal du livre sacré lui-même. Tous les ans le sultan en fait la lecture avec un cérémonial spécial et entouré des plus savants docteurs de la cour. Dans les expéditions, la garde noire se fait précéder par un cheval portant le livre d'El-Boukhari ; à l'étape, ce livre est respectueusement enlevé par des jeunes gens de grande famille et transporté dans la tente impériale (Erkmann). Parmi les influences religieuses prépondérantes, il convient de citer le corps des chérifs de Maulay-Edris qui à *Fez* (V. ce mot) sont fanatiques et ont toujours une grande action à la cour.

Chérifs au Maroc. — Au Maroc, les chérifs font précéder leur nom du titre *maulay* (mon maître) ; ils sont fort nombreux, constituent en somme la noblesse religieuse ; ils se partagent en de nombreuses branches que l'on peut à la rigueur réduire à trois, prétendant descendre de Fatima. Ce sont les chérifs édrisites, rejetons du grand Edris Ier (V. le § *Histoire*); les chérifs filali ou hasani, descendants du fondateur de la dynastie actuelle; et enfin les chérifs d'*Ouazzan* (V. ce mot). Ils sont légion; on ne saurait les compter; ils forment comme une population un peu spéciale jouissant de réelles immunités sous le rapport des impôts, et relevant d'une juridiction spéciale. Dans ce pays si orthodoxe, où le fanatisme s'allie si bien à la haine du Berbère pour l'étranger, les chrétiens, les juifs en particulier, sont fort mal vus; l'entrée des mosquées, l'approche même de certains lieux saints leur est interdite. Le rite malékite est seul usité au Maroc.

CONGRÉGATIONS RELIGIEUSES. — Les congrégations religieuses sont très nombreuses au Maroc. La moitié au moins de la population des villes appartient à un ordre quelconque (Erkmann). Chaque congrégation (taïfa) se rattache à des zaouïa (ou couvent) qui existent soit dans le pays, soit à l'étranger. L'endroit de ces zaouïa qui est plus spécialement affecté aux exercices de ces congrégations prend le nom de rebat (lien); les affiliés se disent merbout (attaché à tel ordre). Ils ont pour chef un personnage qui appartient généralement à la famille du saint, porte le nom de khalifa (lieutenant) et a sous ses ordres des cheikhs (vénérables) et des moqaddem (chefs subalternes). Les ordres sont souvent subdivisés en plusieurs branches (C^t Rinn, *Marabouts et Khouans*). Les ordres les plus répandus au Maroc sont les suivants : Maulay–Abd–el–Kader–et–Djilali (de Bagdad); Sidi–Mokta–el–Kounti (de Tombouctou); Maulay-Ahmed-Tedjini (de Fez); Maulay-Taïeb (d'Ouázzan); Maulay-el-Arbi-el-Derkaoui (de Bou-Berich, chez les Beni-Zeroual), l'autre chef fut El-Beïdaouï; Sidi-Mohammed-ben-Abdallah-Sedguin, du Tafilalet; Sidi-Mohammed-ben-Naser, de l'ouâd Draa; Maulay-Mohammed-ben-Aïssa, de Mequinez (ses disciples se nomment Aïssaoua); Maulay-Ali-ben-Hamdouch, du djebel Zerhoun; Sidi-el-Ghazi, de l'ouâd Draa, etc., qui comptent le plus de fidèles.

BIBLIOGRAPHIE

——— ———

Le lieutenant-colonel sir R. Lambert PLAYFAIR a publié en 1892 une bibliographie du Maroc qui peut passer pour un modèle du genre. Nous en extrayons quelques titres des ouvrages les plus importants; elle ne contient pas en effet moins de 2,243 indications d'ouvrages. — Parmi les auteurs anciens, on peut citer : le *Périple* de HANNON, SCYLAX, POLYBE, STRABON, MELA, PLINE, PTOLÉMÉE; l'*Itinéraire* d'ANTONIN. — Comme auteurs arabes : MESSAOUDI, ABOU-OBEÏD-EL-BEKRI, traduction de DE SLANE. — EDRISSI, *Géographie*, traduction d'Amédée JAUBERT. — Ibn BATOUTA, traduction de DE SLANE. — Ibn KHALDOUN, *Histoire des Berbères*, traduction du même. — Le ROUDH EL-KARTAS, *Annales de la ville de Fez*, traduction de BEAUMIER. — ABOULQÂSEM, Ben AHMED-EZZIÂNI, *le Maroc de 1631 à 1812*, traduction de O. HOUDAS. — Le NOZHET EL-HADI, *Histoire de la dynastie saadienne au Maroc (1511-1670)*, traduction du même. — EL-OTSMANI, EL-KETAMI, *Monographie de Mequinez*, traduction du même. — LÉON L'AFRICAIN, *Description de l'Afrique (1556)*, traduction de TEMPORAL. — Diégo DE TORRES, *Origine des chérifs*, traduction de l'espagnol ; Paris, 1636. — Roland FRÉJUS, *Relations des États des rois de Fez et de Maroc*; Paris, 1682. — PIDOU DE SAINT-OLON, *État présent de l'empire du Maroc*. — A cette période il convient de placer la multitude des écrits de valeur diverse et contestable des religieux ou missionnaires envoyés au Maroc pour le rachat des captifs chrétiens et de ces derniers, puis l'ouvrage de George HÖST, consul danois à Mogador, où il résida de 1760 à 1768, publié d'abord en danois sous le titre de : *Efferitningen om Marokos och Fes*; Copenhague, 1779, et qui a été traduit en allemand : *Nachrichten von Maroko und Fes*; Copenhague, 1781. — De CHÉNIER, *Recherches historiques sur les Maures et Histoire du Maroc*; Paris, 1787, 3 vol., excellent ouvrage. — VENTURE DE PARADIS, *Itinéraires de l'Afrique septentrionale*, etc., recueillis en 1788 (publié par la Soc. de géogr., en 1811). — BADIA Y LEBLICH, *Voyages d'Ali-Bey-el-Abbassi en Afrique et en Asie (1803-7)*; Paris, 1814, t. I. — René CAILLIÉ, *Journal d'un voyage à Tombouctou et à Djenné*; Paris, 1830, 3 vol. et atlas. — WASHINGTON, *Geographical Notice of the Empire of Marokko*, dans Journ. of royal Geogr. Soc., 1831 et

1832, pp. 123-155; trad. en franç. dans le *Bullet. de la Soc. de géogr.*, mars 1832. — Tofino, *Derrotero de las costas de Espana*, etc.; Madrid, 1832, 2ᵉ éd. — Graebero di Hemsce, *Specchio geografico dell' impero di Marocco*; Gênes, 1834. — J. Davidson, *African Journal (1835-36)*; Londres, 1839. — W. Hodgson, *Notes of Northern Africa, the Sahara and Soudan*; New York, 1841. — J.-H. Drummond Hay, *Western Barbary, its wild tribes and savage animals*; Londres, 1844; trad. franç.: *le Maroc et ses tribus nomades*; Paris, 1844. — R. Thomassy, *le Maroc et ses caravanes*; Paris, 1845. — E. Renou, *Description géographique de l'empire du Maroc*; Paris, 1846, qui est un modèle de consciencieuse et savante compilation pour l'époque. — Jourdan, *l'Empire du Maroc*; Paris, 1852. — Ach. Fillias, *le Maroc*; Paris, 1854. — Coello y Arteche, *Descripcion y mapas de Marruecos*; Madrid, 1859. — L. Godard, *Description et histoire du Maroc*; Paris, 1860, 2 vol. — Cotte, *le Maroc contemporain*; Paris, 1860. — Richardson, *Travels in Morocco*; Londres, 1860, 2 vol. — Gerhard Rohlfs, *Tagebuch einer Reise durch die südlichen Provinzen von Marokko (1862)*, dans *Mittheil.* de Petermann, 1863. — Du même, *Tagebuch seiner Reise durch Marokko nach Tuat (1864)*; id., 1865. — Du même, *Neueste Briefe und Rückblick auf seine bisherigen Reisen in Afrika (1861, bis 1865)*; id., 1866. — Resultate der Rohlfs'schen Hœgenmessungen in Marokko und Tuat; id., 1866, pp. 119-121. — Du même, *Afrikanische Reise durch Marokko nach Tripoli*; Brême, 1868. — Du même, *Mein erster Aufenthalt in Marokko und Reise südlich vom Atlas durch die Oasen Dra'a und Tafilet*; Brême, 1872. — Du même, *Reise nach Marokko*; Brême, 1873. — A. Beaumier, *le Maroc*, dans *Bullet. de la Soc. de géogr.*, juil. 1867. — Du même, *Excursion de Mogador à Saffy*; id., avr. 1868. — Du même, *Itinéraire de Mogador à Maroc et de Maroc à Saffy*; id., oct. 1868. — Du même, *Description sommaire du Maroc*; Paris, 1868. — Du même, *Itinéraire de Tanger à Mogador*; id., 1876. — B. Balansa, *Voyage de Mogador à Maroc*, dans *Bullet. de la Soc. de géogr.*, avr. 1868. — J. Craig, *Un Aperçu du Maroc*, dans *Bullet. de la Soc. de géogr.*, mars 1870. — Hooker et Ball, *Journal of a Tour in Marocco and the Great Atlas*; Londres, 1878, in-8. — Maw, *A Journey to Marocco and Ascent of the Great Atlas*; Irondbridge, 1872. — E. de La Primaudaie, *les Villes maritimes du Maroc*, dans *Revue africaine*, 1872, nᵒˢ 92-97; 1873, nᵒˢ 98-100. — E. Cosson, *Note sur la géographie botanique du Maroc*, dans *Bullet. de la Soc. botanique de France*, 1873, in-18. — Mardochée Abi Seroub, *De Mogador au djebel Tabayoudi*, dans *Bullet. de la Soc. de géogr.*, déc. 1875. — Ed. de Amicis, *Marocco*; Milan, 1876 (trad. franç. *le Maroc*, dans le *Tour du Monde*, XXXVII, 1879, pp. 145-224; XXXVIII, pp. 97-160; et Paris, 1879, in-4). — C. Tissot, *Itinéraire de Tanger à Rbat*, dans *Bullet. de la Soc. de géogr.*, 1876, 2ᵉ sem. — Du même, *les Monuments mégalithiques et les populations blondes du Maroc*, dans *Revue d'anthropol.*, 1876, p. 385. — Du même, *Recherches sur la géographie comparée de la Maurétanie Tingitane*; Paris, 1877, in-4. — K. von Fritsch, *Reisebilder aus Marokko*, dans *Mittheilungen* de la Soc. de géogr. de Halle, 1877 et 1879. — Decuois, *Relation d'un voyage dans l'intérieur du Maroc*, dans *Bullet. de la Soc. de géogr.*, juil. 1878, pp. 41-73; août, pp. 121-150, et sept., pp. 241-273. — Capit. Fernandez Duoro, *Exploracion de una parte de la costa noroeste de Africa, en busca de Santa Cruz de Mar Pequeña*, dans *Boletin* de la Soc. de géogr. de Madrid, mars 1878, pp. 157-241, et juil., pp. 17-58. — Desportes et François, *Itinéraire de Tanger à Fez et Meknès*, dans *Bull. de la Soc.*

de géogr., mars 1878, pp. 213-228. — E. VON WEBER, *Vier
Jahre in Africa (1871-75)*; Leipzig, 1878. — J. LECLERCQ,
Voyage à Tanger et Mogador, dans *Revue britannique*,
déc. 1878 et déc. 1881. — J. GATELL, *Viaje por Marruecos*;
Madrid, 1879. — LLANA Y RODRIGANEZ, *El Imperio de
Marruecos*; Madrid, 1879. — WATSON, *A Visit to Wazan,
the sacred City of Marocco*; Londres, 1880. — Cap. COL-
VILLE, *A Ride in Petticoats and Slippers (in Marocco)*;
Londres, 1880. — A VON CONRING, *Marocco das Land und
die Leute*; Berlin, 1880; nouv. éd., 1884. — A. DU MAZET,
la Frontière marocaine, dans *Revue de géogr.*, déc. 1881.
— E. BONELLI, *Observaciones de un viaje por Marruecos*,
dans *Boletin de la Soc. géogr. de Madrid*, 1883. — R. BAS-
SET, *Mission scientifique en Algérie et au Maroc*, dans
Bullet. de la Soc. de géogr. de l'Est; Nancy, 1883. — Du
même, *Documents géographiques sur l'Afrique septentrionale*; id., 1883 et 1884. — Dr Oscar LENZ, *Timbuktu.
Reise durch Marokko, die Sahara und den Sudan*; Leipzig,
1884, 2 vol. ; il existe une traduction française. — CREMA,
Missionne Italiana da Tangeri a Marocco e Mogador,
dans le *Cosmos*; Turin, 1884. — H. DUVEYRIER, *les Récents Soulèvements au Maroc*, dans *Bullet. de la Soc. de
géogr.*, mars 1885. — PALÉOLOGUE, *le Maroc, notes et sou-
venirs*, dans *Revue des Deux Mondes*, 15 avr. 1885. —
J. ERKMANN, *le Maroc moderne*; Paris, 1885. — MARAT,
*le Maroc, voyage d'une mission française à la cour du
sultan*; Paris, 1885. — MERLE, *l'Angleterre, la France et
l'Espagne à propos de l'île d'Arguin*, dans *Revue de
géogr.*; Paris, 1885.— H.-P. DE LA MARTINIÈRE, *Itinéraire
d'Al-Kazar à Ouazzan*, dans *Revue de géogr.*; Paris,
1885. — Du même, *le Sultan du Maroc et son gouvernement*, dans *Revue française de l'étranger et des colonies*;
Paris, 1885. — Cervera BAVIERA, *Expedicion geugrafico
militar al interior y costas de Marruecos (1884)*; Barce-
lone, 1885. — STUTFELD, *Hugh El Maghreb : 1,200 miles
Ride through Morocco*; Londres, 1886.— G. CHARMES, *Une
Ambassade au Maroc*; Paris, 1886. — DE CHAVAGNAC, *Itinéraire de Fez à la frontière algérienne*, dans *Bullet. de
la Soc. de géogr.*; Paris, 1886. — MERLE, *la Question du cap
Blanc*, dans *Revue de géogr.*; Paris, 1886. — H.-P. DE LA
MARTINIÈRE, *Essai de bibliographie marocaine*, dans *Revue de géogr.*, 1886. — Du même, *Itinéraire d'Ouazzan à
Mequinez*, dans *Revue de géogr.*; Paris, 1886.— Du même,
Altitudes hypsométriques déterminées au Maroc, dans
Bullet. de la Soc. de géogr.; Paris, 1886. — Du même,
le Maroc et les puissances européennes, dans *Revue
française de l'étranger et des colonies*; Paris, 1886. — Du
même, *la Question du Maroc dans l'Union latine*, dans
Revue française de l'étranger et des colonies; Paris,
1886. — DE CAMPOU, *Un Empire qui croule*; Paris, 1886.
— DUVEYRIER, *le Chemin des ambassades de Tanger à
Fas et Meknas en 1885*, dans *Bullet. de la Soc. de géogr.*;
Paris, 1886. — Elisée RECLUS, *Nouvelle Géographie uni-
verselle*, t. XI consacré à l'Algérie et au Maroc; Paris,
1886.— DE MAS-LATRIE, *Relations et commerce de l'Afrique
septentrionale avec les nations chrétiennes au moyen
âge*; Paris, 1886. — DAVIS, *The History of the second
Queen's Royal Regiment*, vol. I consacré à l'occupation
de Tanger de 1662 à 1684; Londres, 1887. — HARRIS, *Une
série d'articles avec illustrations par Caton Woodville
au moment de la mission de sir W. K. Green*, ministre
d'Angleterre à la cour marocaine, dans les *Illustrated
London News*; Londres, 1884.— H.-P. DE LA MARTINIÈRE,
Cartographie générale du Maroc, dans *Revue de géogr.*;
Paris, 1887. — DUVEYRIER, *la Dernière Partie inconnue du littoral de la Méditerranée : le Rif*; Paris, 1887. —
BONELLI, *El Sahara, Edicion oficial*; Madrid, 1887. —

MERCIER, *Histoire de l'Afrique septentrionale*, 3 vol., comprenant l'histoire marocaine jusqu'en 1830 ; Paris, 1888-93.— PERDICARIS, *The Protection Systeme Fortnightly Review*, 1888. — H.-P. DE LA MARTINIÈRE, *Aperçus de la question marocaine à propos d'une prochaine conférence internationale*, dans *Revue de géogr.*; Paris, 1888. — DE FOUCAULD, *Reconnaissance au Maroc (1883-84)*, avec atlas ; Paris, 1888. — DELPHIN, *Fas, son Université et l'enseignement supérieur musulman*; Paris, 1888. — DOULS, *Cinq Mois chez les Maures nomades du Sahara occidental*, dans *Tour du monde*; Paris, 1888.— QUEDENFELD, *Eintheilung und Verbreitung der Berber bevœlkerung in Marokh*, dans *Zeitsch. für Ethnologie*; Berlin, 1888. — THOMSON, *A Journey to Southern Morocco and the Atlas mountains*; Londres, 1889. — H.-P. DE LA MARTINIÈRE, *Morocco, Journeys in the kingdom of Fez and to the court of Moulai Hassan*; Londres, 1889. — HARRIS, *The Local Distribution of Tribes inhabiting the mountains of Nord West Morocco*. — Du même, *The Land of an African sultan, travies in Morocco*; Londres, 1889. — LAVISSE, *la Mission française au Maroc*, dans *Revue bleue*; Paris, 1889. — MONTBARD, *A Travers le Maroc*; Paris, 1890. — H.-P. DE LA MARTINIÈRE, *le Règne de Maulay el Hassan*, dans *Revue des Deux Mondes*, 15 sept. 1891. — FRISCH, *le Maroc*; Paris, 1890. — DELBRELLE, *Note sur le Tafilalet*, dans *Bullet. de la Soc. de géogr.*; Paris, 1895. — H.-P. DE LA MARTINIÈRE, *Itinéraire de la route suivie de Fez à Ouchda*, dans *Archives des missions du ministère de l'instruction publique*; Paris, 1895. — Du même, *Itinéraire à travers l'Atlas au S. de Merrakech et à Taroudant*, dans *Archives des missions du ministère de l'instruction publique*; Paris, 1895. — Du même, *Précis d'histoire du Maroc*; Paris. — HARRIS, *A Journey to the oasis of Tafilalet with illustrations by Maurice Romberg*; Londres, 1895.

(Extrait de la *Grande Encyclopédie*, t. XXIII.)

7-5-7. — TOURS, IMPRIMERIE E. ARRAULT ET Cⁱᵉ.

Prix et Conditions de Souscription

à la

GRANDE ENCYCLOPÉDIE

La **GRANDE ENCYCLOPÉDIE** formera environ 29 volumes gr. in-8 colombier de 1,200 pages. Elle se publie par livraisons de 48 pages paraissant le jeudi de chaque semaine.

En vente le 30 Juin 1897

Tomes I à XXIII.

Prix de la livraison, **1** fr. ; du volume broché, **25** fr. ; du volume relié, **30** fr.

Les souscriptions à l'ouvrage complet (*volumes brochés ou livraisons*) sont reçues au prix de :

600 francs payables à raison de **10** francs par mois ou **500** francs payables comptant.

Et les souscriptions en volumes *reliés*, au prix de :

750 francs payables à raison de **15** francs par mois ou **650** francs payables comptant.

Port et Droits de Douane en sus pour l'Étranger.

7-5-7. — TOURS, IMPRIMERIE E. ARRAULT ET Cᵉ.